2022年

国家统一法律职业资格考试

刑事诉讼法
冲刺背诵版

陈龙◎编著

为生命辩护
为自由呐喊   陈龙

中国政法大学出版社

2022·北京

图书在版编目（ＣＩＰ）数据

2022 年国家统一法律职业资格考试刑事诉讼法冲刺背诵版/陈龙编著.—北京：中国政法大学出版社，2022.7
ISBN 978-7-5764-0518-7

Ⅰ.①2… Ⅱ.①陈… Ⅲ.①刑事诉讼法－中国－资格考试－自学参考资料 Ⅳ.①D925.2

中国版本图书馆 CIP 数据核字(2022)第 124466 号

出 版 者　　中国政法大学出版社

地　　址　　北京市海淀区西土城路 25 号

邮寄地址　　北京 100088 信箱 8034 分箱　　邮编 100088

网　　址　　http://www.cuplpress.com (网络实名：中国政法大学出版社)

电　　话　　010-58908285(总编室) 58908433 （编辑部） 58908334(邮购部)

承　　印　　北京鑫海金澳胶印有限公司

开　　本　　787mm×1092mm　　1/16

印　　张　　8.25

字　　数　　195 千字

版　　次　　2022 年 7 月第 1 版

印　　次　　2022 年 7 月第 1 次印刷

定　　价　　30.00 元

目　录

第一编　总论

第二编　分论

第一编 总 论

绪 论

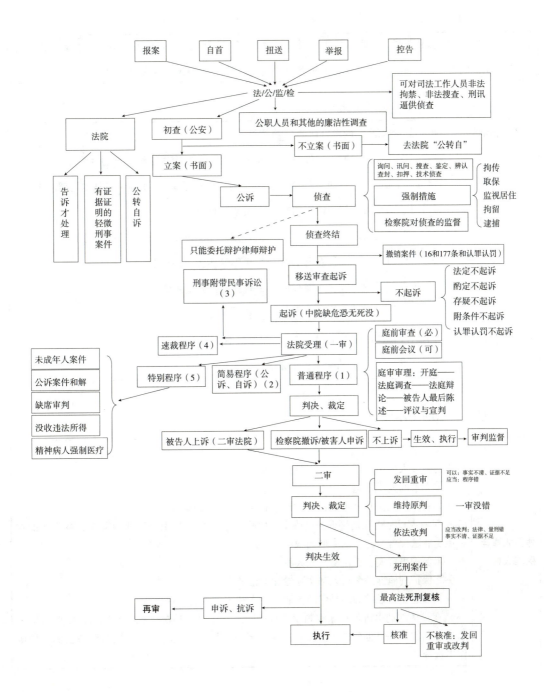

第一章　刑事诉讼法概述

一、刑事诉讼的概念

（一）刑事诉讼

刑事诉讼是指① 人民法院、人民检察院和公安机关 （含国家安全机关等）在② 当事人及其他 诉讼参与人 的参加下，③依照法律规定的程序，④追诉犯罪，解决被追诉人刑事责任 的活动。

（二）刑事诉讼法与刑法的关系

二者统称刑事法，刑法是 实体法 ，刑事诉讼法是 程序法 。	
刑事诉讼法的工具价值	①为调查和明确案件事实、适用刑事实体法 提供了组织上的保障 。
	②为调查和查明案件事实及适用刑事实体法的活动 提供了基本构架 ；同时，也为刑事实体法适用的有序性 提供了保障 。
	③既为获取证据、明确案件事实 提供了手段 ，又 提供了程序规范 。
	④可以在相当程度上 避免、减少案件实体上的误差 。
	⑤使得案件处理简繁有别，保证处理案件的效率 。
刑事诉讼法的独立价值	① 程序本身的民主、法治、人权精神。
	② 弥补刑事实体法不足 并 创制刑事实体法 的功能。
	③有 阻却或影响刑事实体法实现 的功能。

二、刑事诉讼的基本理念

惩罚犯罪与保障人权	（1）惩罚犯罪是指通过刑事诉讼程序，在准确及时查明案件事实真相的基础上，对构成犯罪的被告人公正适用刑法，以打击犯罪。 ——①无辜的人不受追究； ——②有罪的人受到公正处罚，诉讼权利得到充分保障和行使。 （2）保障人权是指在刑事诉讼过程中，保障诉讼参与人特别是犯罪嫌疑人、被告人的权利免受非法侵害，是对国家刑罚权的规制。 ——①保护当事人、诉讼参与人人权； ——②保护其他诉讼参与人和实际参加诉讼的人； ——③最重要、最核心的是保障犯罪嫌疑人和被告人的人权； （3）在具体的刑事诉讼程序和制度设计中，虽然大多数情况下惩罚犯罪与保障人权能够同步得到实现，但也存在一些发生冲突与矛盾的情形，此时则需要根据利益权衡的原则作出选择。

续表

程序公正与 实体公正	**(1) 程序公正：**（参与、遵守、救济、公开、中立、平等、保障） ——①严格遵守刑事诉讼法； ——②按法定期限办案、结案； ——③认真保障当事人和其他诉讼参与人，特别是犯罪嫌疑人、被告人和被害人的诉讼权利； ——④严禁刑讯逼供和以其他非法手段取证； ——⑤真正实现司法机关依法独立行使职权； ——⑥保障诉讼程序的公开性和透明度。 **(2) 实体公正：** ——①据以定罪量刑的犯罪事实的认定，应当做到证据确实、充分； ——②正确适用刑法，准确认定犯罪嫌疑人、被告人是否有罪及其罪名； ——③按照罪刑相适应原则，依法适度判定刑罚； ——④对错误处理的案件，采取救济方法及时纠正、及时补偿。 **(3) 实体公正与程序公正，一般情况下是可以统一的**，但有时也会不可避免地发生矛盾，同样需要**根据利益权衡的原则作出选择**。 ——①"离开了程序正义的实体正义"，是非正义； ——②要严格执法，既遵守实体法，也遵守程序法。
诉讼效率	(1) 诉讼效率是指诉讼中所投入的司法资源（包括人力财力设备等）与所取得的诉讼成果的比例关系。 (2) 司法公正与效率的关系处理：公正优先兼顾效率。 (3) 刑诉中关于效率的具体诉讼程序：简易程序、酌定不起诉、刑事缺席审判制度、刑事速裁程序、认罪认罚从宽制度等。

三、刑事诉讼基本范畴

（一）刑事诉讼职能

1. 控诉职能	侦查机关、检察院、被害人、自诉人及其法定代理人、诉讼代理人
2. 辩护职能	犯罪嫌疑人、被告人及其法定代理人、辩护人
3. 审判职能	人民法院、人民陪审员
【考点提示】证人不行使任何诉讼职能	

（二）刑事诉讼结构（理想的诉讼结构：控审分离、审判中立、控辩平等）

（1）刑事诉讼构造是指刑事诉讼所确立的进行刑事诉讼的基本方式亦即专门机关、诉讼参与人在刑事诉讼中形成的法律关系的基本格局，它集中体现为 控诉、辩护、审判三方在刑事诉讼中的地位及其相互间的法律关系 。

（2）一个国家特定时期的 诉讼目的与构造具有内在的一致性 ，他们都受到当时占主导地位的关于刑事诉讼的 法律价值观 的深刻 影响 。

弹劾式诉讼	（1） 没有国家追诉机关 ，诉讼由被害人或者其他人控告而开始； （2） 只有原告起诉后，法官才进行审判 ； （3）原告、被告在诉讼中地位平等，并居于主导地位，对于疑难案件， 实行神明裁判 。
纠问式诉讼	（1）法官集 侦查、控诉、审判 职能于一身； （2）法官负责调查事实、收集证据，侦查和 审判秘密 进行； （3）刑讯合法化、制度化，对被告人广泛采用刑讯， 对原告和证人也可以刑讯。 （4）被害人只是提供线索、引起诉讼的人，被告人处于诉讼客体地位，是被拷问、被追究对象。
当事人主义	当事人主义审判模式：是指法官（陪审团）居于中立且被动的裁判者地位，法庭审判的进行由控方的举证和辩方的反驳共同推动和控制的一种审判模式。 ——①法官 消极中立 。 ——②控辩双方积极主动和 平等对抗 。 ——③控辩双方共同控制法庭审理的进程。
职权主义	职权主义审判模式：是指法官在审判程序中居于主导和控制地位，而限制控辩双方积极性的审判模式： ——①法官居于中心地位，主导法庭审理的进行。 ——②控辩双方的积极性受到抑制， 处于消极被动的地位。 ——③法官掌握程序控制权。
混合式诉讼	吸收当事人主义审判模式和职权主义审判模式的长处，使两种审判模式融合的一种审判模式。混合制诉讼模式， 又称折中主义诉讼，兼采当事人主义和职权主义诉讼模式的因素而形成，主要代表是日本和意大利。 保留了法官主动依职权调查证据的权力，又大力借鉴当事人主义的因素，注重控辩双方平等对抗。

【注意】法院要遵循**不告不理原则**。不告不理原则有两项要求：

第一，没有起诉，就没有审判。

第二，审判的范围仅限于起诉的事实范围。

（三）刑事诉讼价值

秩序	实质上是一种有序性； ——①对外：维护社会秩序； ——②对内：追究犯罪仍要有序。
公正	公正(又称正义)：居于 核心 的地位； 包括 实体公正 与 程序公正 。
效益	既包括效率，投入最少的法力，打击更多的犯罪。

（四）刑事诉讼阶段

公诉案件的诉讼阶段	立案、侦查、起诉、审判（一审、二审＋死刑复核、再审）、执行
自诉案件的诉讼阶段	立案（法院受理）、审判、执行

第二章 刑事诉讼的基本原则

一、基本原则的要求

基本原则的要求		
要求一	体现刑事诉讼活动的基本规律	
要求二	贯穿刑事诉讼全过程	普遍指导意义，不是仅限于某个阶段（上诉不加刑、公开审判、比例、辩论原则）。
要求三	由法律明确规定	具有法律约束力

二、必考小结：人民法院、人民检察院依法独立行使职权原则

谁独立？	法院、检察院作为一个组织整体独立，不是某个个人的独立。	
独立于谁？	（1）不受行政机关、社会团体和个人的干涉。 （2）接受党的领导；接受人大及其常委会监督；接受群众监督。	
怎么独立？	检察院	（1）检察一体化，整个检察系统作为一个整体独立。 （2）检察院上下级是领导与被领导关系。
	法院	独立行使审判权（不请示，不汇报；除法律问题外），因为法院上下级是监督与被监督关系。

三、人民检察院依法对刑事诉讼实行法律监督（《刑事诉讼法》第8条）

立案中监督	（1）公安应当立案而不立案的，有权要求公安7日内说明不立案的理由。 （2）公安不立案理由不成立的，应通知公安15日内立案。
批捕中监督	（1）批准逮捕时发现不符合逮捕条件——不予批捕。 （2）批准逮捕时发现该捕的人没报捕——应当建议公安提请批捕——也可以直接决定逮捕。
审查起诉中监督	（1）对侦查活动的监督。 （2）发现遗漏同案犯——应当要求公安补充移送——事实清楚、证据充分也可以直接起诉。
审判中监督	（1）对庭审活动的监督——庭后以检察院整体名义提出书面纠正意见。 （2）对一审裁判的监督——同级检察院向上一级法院二审抗诉。 （3）对生效裁判的监督——上级检察院向同一级法院再审抗诉。 （4）死刑复核案件监督——最高检可以向最高院提出意见，最高院应当将结果通报最高检。

四、认罪认罚从宽原则（《刑事诉讼法》第 15 条）

基本原则	——①自愿如实供述自己的罪行，承认指控的犯罪事实。（主动认罪、如实供述） ——②愿意接受处罚的。（明确接受检察院的量刑建议） ——③可以依法从宽处理。（包括实体法上的量刑从宽和程序法的限制人身自由从宽）

<table>
<tr><td colspan="4" align="center">不同阶段认罪认罚的处理</td></tr>
<tr>
<td rowspan="3">1. 侦查阶段</td>
<td rowspan="3">认罪认罚
的处理</td>
<td colspan="2">《刑事诉讼法》第 81 条第 2 款：批准或者决定逮捕，应当将犯罪嫌疑人、被告人涉嫌犯罪的性质、情节，认罪认罚等情况，作为是否可能发生社会危险性的考虑因素。</td>
</tr>
<tr>
<td colspan="2">应当记录在案，随案移送，并在起诉意见书中写明有关情况；认为案件符合速裁程序适用条件的，可以向人民检察院提出适用速裁程序的建议。</td>
</tr>
<tr>
<td colspan="2">自愿如实供述 + 有重大立功或者案件涉及国家重大利益的，经最高人民检察院核准，公安机关可以撤销案件。</td>
</tr>
<tr>
<td rowspan="2">2. 审查起诉阶段</td>
<td rowspan="2">处理</td>
<td>起诉</td>
<td>（1）应当提出量刑建议。量刑建议一般应当为确定刑。对新类型、不常见犯罪案件，量刑情节复杂的重罪案件等，也可以提出幅度刑量刑建议。
（2）符合速裁程序，应当在 10 日以内作出是否提起公诉的决定，对可能判处有期徒刑超过一年的，可以延长至 15 日。</td>
</tr>
<tr>
<td>不起诉</td>
<td>（1）可以作出酌定不起诉。
（2）自愿如实供述 + 有重大立功或者案件涉及国家重大利益的，经最高人民检察院核准，人民检察院可以作出不起诉决定，也可以对涉嫌数罪中的一项或者多项不起诉。</td>
</tr>
<tr>
<td colspan="2">3. 审判阶段</td>
<td colspan="2">对认罪认罚案件，人民法院 一般应当 对被告人从轻处罚；符合非监禁刑适用条件的，应当适用非监禁刑；具有法定减轻处罚情节的，可以减轻处罚。</td>
</tr>
</table>

五、具有法定情形不予追究刑事责任（《刑事诉讼法》第 16 条）

（一）法定不予追究刑事责任的具体情形与处理方式

内容	公/检察院		检察院	法院	
	（立案）	（侦查）	（审查起诉）	（庭前审查）	（审理阶段）
情节显著轻微、危害不大，不认为是犯罪的	不立案	撤销案件	不起诉	——	宣告无罪
犯罪已过追诉时效期限的（实体法规定时效，无限期追诉报最高检）	不立案	撤销案件	不起诉	退回检察院/终止审理	终止审理
经特赦令免除刑罚的	不立案	撤销案件	不起诉	退回检察院/终止审理	终止审理

续表

内容	公/检察院		检察院	法院	
	（立案）	（侦查）	（审查起诉）	（庭前审查）	（审理阶段）
依照刑法告诉才处理的犯罪，没有告诉或者撤回告诉【侮辱、诽谤、暴力干涉婚姻自由、虐待、侵占】	不立案	撤销案件	不起诉	退回检察院/终止审理	终止审理
犯罪嫌疑人、被告人死亡的	不立案	撤销案件	不起诉	退回检察院/终止审理	终止审理或宣告无罪（确认无罪）
其他法律规定免予追究刑事责任	不立案	撤销案件	不起诉	退回检察院/终止审理	终止审理

（二）程序倒流（《高检规则》第 365 条、366 条）

监察委调查的案件以及公安侦查的案件	审查起诉发现犯罪嫌疑人没有犯罪事实或者符合刑事诉讼法第 16 条规定的情形之一的	经检察长批准，应当作出不起诉决定。
	对于犯罪事实并非犯罪嫌疑人所为，需要重新调查或者侦查的	应当在作出不起诉决定后，退回并建议监察或公安重新调查或重新侦查。
检察院自侦案件	发现犯罪嫌疑人没有犯罪事实，或者符合《刑事诉讼法》第 16 条	应当退回本院负责侦查的部门，建议撤销案件。

第三章　刑事诉讼中的专门机关和诉讼参与人

一、国家专门机关（8类）

专门机关	性质	上下级之间的关系
公安机关	行政机关	领导与被领导
检察院	司法机关	领导与被领导
法院	司法机关	监督与被监督

其他侦查机关：国家安全机关、监狱、军队保卫部门、海关（公安）缉私部门、中国海警局
【注意】中国海警局履行海上维权执法职责，对海上发生的刑事案件行使侦查权。

二、诉讼参与人

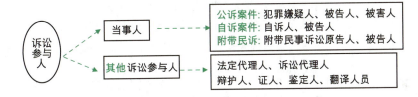

（一）被害人权利

被害人	权利遭受侵犯	有权报案或者控告，要求有关机关立案；
	对公安机关不立案	（1）可申请复议；（2）可以向检察院提出立案监督；（3）可以向法院提出自诉
	对检察院不起诉	（1）有权向上一级机关要求申诉；（2）有权向法院提出自诉
	对于法院未生效判决不服	不能上诉，只能请求检察院抗诉 【陷阱点拨】对于裁定不服不能请求抗诉
	生效裁判不服	可以申诉
	对能力的欠缺	自案件移送审查起诉之日起，委托诉讼代理人；自诉案件随时委托

（二）自诉人

自诉人	1. 随时委托诉讼代理人；
	2. 对于一审裁判不服可以提出上诉（被害人只是请求检察院抗诉）；
	3. 同被告人自行和解或撤回自诉；
	4. 可以接受调解（仅限前两类自诉案件，公诉转自诉不可以调解）；

（三）犯罪嫌疑人、被告人，附带民事诉讼当事人

犯罪嫌疑人、被告人	（1）公诉以前，称为"犯罪嫌疑人"，公诉以后，则称为"被告人"。 （2）有特定的人身属性，必须亲自参加诉讼，委托的人叫辩护人。 **防御性权利**：辩护权、拒绝回答无关问题、获得起诉书副本、参加法庭调查、辩论、最后陈述、<u>反诉权</u>（对抗指控、抵销指控）。 **救济性权利**：申请复议权、控告权、申请变更、解除强制措施权、申诉权、<u>上诉权</u>（改变或者撤销已经侵犯权利后的救济方式）。
附带民原告人	在刑事诉讼过程中提出赔偿请求的人。
附带民被告人	在刑事诉讼中，对犯罪行为所造成的物质损失负有赔偿责任的人。

（四）其他诉讼参与人

法定代理人	（1）概念	依照法律规定 对无行为能力或者限制行为能力的人负有保护职责的人。
	（2）代理的对象	限制行为能力和无行为能力的人。
	（3）范围	父母、养父母、监护人和负有保护责任机关团体的代表。
	（4）产生的依据	法定
	（5）权利	广泛，有独立的上诉权。但**人身性质**的行为不能代替。
诉讼代理人	（1）有权委托的主体	①被害人、自诉人和附带民事诉讼的当事人 ②被害人、自诉人和附带民事诉讼的当事人的法定代理人 ③被害人的近亲属（近亲属的范围：夫、妻、父、母、子、女、同胞兄弟姐妹）
	（2）范围	律师；社会团体或所在单位推荐的人；监护人或者亲友（与辩护人范围相同）
	（3）权利	①代理权限：授权范围内进行代理，而不是依据法律的规定。 ②地位：代言人，不能违背被代理人的意志。

证人	（1）证人资格	①当事人以外的人；②在诉讼外了解案情；③自然人。 【注意】人民警察就其执行职务时目击的犯罪情况作为证人出庭作证。 **没有证人资格**：生理上、精神上有缺陷或年幼，**并且**不能正确表达，不能明辨是非。	
	（2）特点	**人身不可替代性；优先性——不适用回避**	
		经济补偿	①证人因履行作证义务而支出的 交通、住宿、就餐 等费用，应当给予补助。证人作证的补助列入司法机关业务经费，由同级政府财政予以保障。 ②有工作单位的证人作证，所在单位不得克扣或者变相克扣其工资、奖金及其他福利待遇。（《刑事诉讼法》第65条）
		要求公安司法机关保证其本人及其近亲属安全	对于 危害国家安全犯罪、恐怖活动犯罪、黑社会性质 的组织犯罪、毒品犯罪 等案件，证人、鉴定人、被害人 因在诉讼中作证，本人或者其近亲属的人身安全面临危险的，法院、检察院和公安应当采取以下一项或者多项保护措施： （1）不公开真实姓名、住址和工作单位等个人信息；（2）采取不暴露外貌、真实声音等出庭作证措施；（3）禁止特定的人员接触证人、鉴定人、被害人及其近亲属；（4）对人身和住宅采取专门性保护措施；（5）其他必要的保护措施。
鉴定人	（1）产生	公检法 指派 或 聘请 （当事人不能委托鉴定人，只能申请重新鉴定或者补充鉴定）。	
	（2）鉴定人只能是自然人。		
	（3）与证人的区别	①了解案情的途径不同：证人——诉讼外了解；鉴定人——通过参加诉讼而了解。 ②作证的对象不同：证人——一般的事实问题；鉴定人——专门性的事实问题。 ③是否适用回避：证人——不适用回避制度；鉴定人——适用回避制度	
翻译人员	翻译人员应当是与本案没有利害关系的人，否则，当事人有权申请其回避。		

第四章 管 辖

一、立案管辖

（一）人民法院直接受理的刑事案件（自诉案件）

1. 告诉才处理的案件	（1）侮辱、诽谤案（严重危害社会秩序和国家利益的除外）； （2）暴力干涉婚姻自由案（致使被害人死亡的除外）； （3）虐待案（被害人没有能力告诉，或者因受到强制、威吓无法告诉的除外）（此外，虐待致使被害人重伤、死亡的，也属于公诉案件）； （4）侵占案（绝对的告诉才处理的案件）。
2. 被害人有证据证明的轻微刑事案件（公诉与自诉交叉）	**（1）故意伤害案（轻伤）；（2）重婚案；（3）遗弃案；（4）非法侵入住宅案； （5）侵犯通信自由案；（6）生产、销售伪劣商品案**（但严重危害社会秩序和国家利益的除外）；**（7）侵犯知识产权案**（刑法分则第3章第7节规定的，但严重危害社会秩序和国家利益的除外）；**（8）刑法分则第4章、第5章规定的，对被告人可能判处3年有期徒刑以下刑罚的案件。** 【注意】上述案件，被害人直接向法院起诉，法院应当受理。证据不足、可由公安机关受理的，或者认为对被告人可能判3年以上的，应当告知被害人向公安机关报案，或者移送公安机关立案侦查。
3. 公诉转自诉案件	被害人有证据证明对被告人侵犯自己**人身、财产权利**的行为应当依法追究刑事责任，而公安机关或人民检察院不予追究的案件。

（二）人民检察院直接受理的刑事案件（自侦案件）

（1）人民检察院在对诉讼活动实行法律监督中发现的**司法工作人员**利用**职权**实施的**非法拘禁、刑讯逼供、非法搜查**等侵犯公民权利、损害司法公正的犯罪，**可以**由人民检察院立案侦查。 【注意】司法工作人员，是指有侦查、检察、审判、监管职责的工作人员。（《刑法》第94条）
（2）对于**公安机关管辖的国家机关工作人员利用职权**实施的重大犯罪案件，需要由人民检察院直接受理的时候，经**省级以上**人民检察院决定，**可以**由人民检察院立案侦查。

（三）公安机关直接立案侦查的案件

一般刑事案件，除法律另有规定的除外（国安、监狱、军队保卫部门、海关缉私部门、中国海警局）。
（1）**国家安全机关**：对与**国家安全**有关的案件进行侦查。
（2）**军队保卫部门**：对**军队内部发生**的刑事案件行使侦查权。
（3）**监狱**：对**罪犯**在**监狱内犯罪**的案件进行侦查。

续表

（4）**海关缉私部门**：负责对**走私犯罪**案件进行侦查。	
（5）**中国海警局**：负责对**海上**的犯罪进行侦查。	

（四）交叉管辖

1. 监察委员会与其他机关交叉	被调查人既涉嫌严重职务违法或者职务犯罪，又涉嫌其他违法犯罪的，**一般应当由监察机关为主调查**，其他机关予以协助。
【注意】 人民检察院办理直接受理侦查的案件，发现犯罪嫌疑人同时涉嫌监察机关管辖的职务犯罪线索的，**应当及时与同级监察机关沟通。** （1）经沟通，认为**全案**由监察机关管辖更为适宜的，人民检察院**应当**将案件和相应职务犯罪线索一并移送监察机关；（2）认为由监察机关和人民检察院**分别管辖**更为适宜的，人民检察院应当将监察委员会管辖的相应职务犯罪线索移送监察委员会，对依法由人民检察院管辖的犯罪案件继续侦查。（3）人民检察院应当及时将沟通情况报告上一级人民检察院。沟通期间，人民检察院**不得停止对案件的侦查**。	
2. 公安机关与检察院交叉	（1）各管各的 （2）主罪主管 + 次罪协助原则
3. 自诉案件/公诉案件交叉	法院在审理自诉案件时，如果发现被告人还犯有必须由人民检察院提起公诉的罪行时，应将新发现的罪行另案移送有管辖权的机关处理。

二、审判管辖

（一）级别管辖

最高人民法院	全国性的重大刑事案件。
高级人民法院	全省（自治区、直辖市）性的重大刑事案件。
中级人民法院	危害国家安全、恐怖活动案件。①间谍罪；②为境外窃取、刺探、收买、非法提供国家秘密、情报罪；③资敌罪。（2）可能判处无期徒刑、死刑的案件。（3）犯罪嫌疑人、被告人逃匿、死亡案件违法所得的没收程序。（4）贪污贿赂犯罪 + 危、恐案件（最高检批准）外逃人员的缺席审判案件。
基层人民法院	除上级人民法院管辖的以外的案件。

★级别管辖应当遵循的原则：

上可以审下	（1）上级法院**必要时**，可审判下级法院管辖的一审案件。
	（2）**就高不就低**，即一人或者一罪属于上级法院管辖的，**全案**由上级法院管辖。
	（3）检察院认为可能判处无期徒刑、死刑，向中级法院提起公诉的案件，中级法院受理后，认为不需要判处无期徒刑、死刑的，应当依法审判，不再交基层法院审判。
	（4）下级法院认为案情重大、复杂需要由上级法院审判的第一审刑事案件，可以请求移送上一级法院审判。
下不可以审上	基层法院对可能判处无期徒刑、死刑的第一审刑事案件，**应当移送中级法院审判。**

（二）地区管辖

一般原则	以犯罪地为主，被告人居住地为辅。	犯罪地	①犯罪地包括犯罪行为地和犯罪结果地。 ②针对或者主要利用计算机网络实施的犯罪，犯罪地包括用于实施犯罪行为的网络服务使用的服务器所在地，网络服务提供者所在地，被侵害的信息网络系统及其管理者所在地，犯罪过程中被告人、被害人使用的信息网络系统所在地，以及被害人被侵害时所在地和被害人财产遭受损失地等。
		被告人居住地	居住地是指被告人的户籍地。经常居住地与户籍地不一致的，经常居住地为其居住地。
	在我国内水、领海发生的刑事案件		由犯罪地或者被告人登陆地的人民法院管辖。由被告人居住地的人民法院审判更为适宜的，可以由被告人居住地的人民法院管辖。
	在列车上的犯罪		（1）被告人在列车运行途中被抓获的，由前方停靠站所在地负责审判铁路运输刑事案件的人民法院管辖。必要时，也可以由始发站或者终点站所在地负责审判铁路运输刑事案件的人民法院管辖。 （2）被告人不是在列车运行途中被抓获的，由负责该列车乘务的铁路公安机关对应的审判铁路运输刑事案件的人民法院管辖；被告人在列车运行途经车站被抓获的，也可以由该车站所在地负责审判铁路运输刑事案件的人民法院管辖。
共同管辖	几个法院都有管辖权的，由最初受理的法院审判为主。必要时可以移送主要犯罪地的法院审判。		

（三）指定管辖

情形	程序
管辖权发生争议的	管辖权发生争议的，应当在审理期限内协商解决——协商不成的，分别层报共同的上级人民法院指定管辖。

续表

情形	程序
管辖明确但客观上不宜或不能行使管辖权	（1）可以请求移送上一级人民法院管辖。上一级人民法院**可以管辖，也可以指定**与提出请求的人民法院同级的其他人民法院管辖。 （2）指定时：不能违背级别管辖；不能超出辖区指定。 【注意】有关案件，由犯罪地、被告人居住地以外的人民法院审判更为适宜的，上级人民法院可以指定下级人民法院管辖。（《刑诉解释》第20条第2款）

【注意】指定后的案卷移送制度（由原受理案件的人民法院移送）：
①公诉案件：应当 书面 通知同级人民检察院，并将**案卷材料退回**，同时书面通知当事人。
②自诉案件：应当**将案卷材料移送被指定管辖的人民法院**，并书面通知当事人。

（四）特殊案件的管辖

类别	情形	管辖的法院
一类	①国际条约规定的罪行	由被告人**被抓获地、登陆地**或者**入境地**的人民法院管辖。
	②外国人在领域外对中国、中国人犯罪	由该外国人**登陆地、入境地**或者**入境后居住地**的人民法院管辖，也可以由被害人**离境前居住地**或者**现居住地**的人民法院管辖。
二类	①领域外的中国船舶内的犯罪	最初停泊的**中国口岸所在地**或者被告人**登陆地、入境地**的人民法院管辖。
	②领域外的中国航空器内的犯罪	由该航空器在中国**最初降落地**的人民法院管辖。
	③国际列车上的犯罪	协定优先；没有协定的，由该列车**始发**或者**前方停靠**的中国车站所在地负责审判铁路运输刑事案件的人民法院管辖。
三类	①我国公民在驻外领使馆内的犯罪	由其主管单位所在地或者原户籍地的人民法院管辖
	②我国公民在领域外的犯罪	由其**登陆地、入境地、离境前居住地**或者**现居住地**的人民法院管辖；被害人是中国公民的，也可以由被害人**离境前居住地**或者**现居住地**的人民法院管辖。
四类	①漏罪	由**原审地**人民法院管辖；由**罪犯服刑地**或者**犯罪地**的人民法院审判更为适宜的，可以由罪犯服刑地或者犯罪地的人民法院管辖。
	②新罪	罪犯在服刑期间又犯罪的，由服刑地的人民法院管辖。罪犯在脱逃期间又犯罪的，由服刑地的人民法院管辖。但是，在**犯罪地抓获罪犯**并**发现其在脱逃期间**犯罪的，由犯罪地的人民法院管辖。

第五章 回 避

适用对象	审判人员、检察人员、侦查人员、审判活动的法官助理、书记员、翻译人员、鉴定人。
	【注意】辩护人、诉讼代理人、证人不适用回避制度。
回避事由	1. 是本案的当事人或者是当事人的近亲属的;
	【注意】这里的近亲属"是本案的当事人或者与当事人有直系血亲、三代以内旁系血亲及姻亲关系的。"
	2. 本人或者他的近亲属和本案有利害关系的;
	3. 担任过本案的证人、鉴定人、辩护人、诉讼代理人、翻译人员的;
	4. 与本案的辩护人、诉讼代理人有近亲属关系的;
	5. 与本案当事人有其他关系,可能影响公正处理案件的。
	6. 审判人员、检察人员、侦查人员不得接受当事人及其委托的人的请客送礼,不得违反规定会见当事人及其委托的人。
	7. 参与过本案调查、侦查、审查起诉工作的监察、侦查、检察人员,调至人民法院工作的,不得担任本案的审判人员。
	《刑诉解释》第29条第2款:在一个审判程序中参与过本案审判工作的合议庭组成人员或者独任审判员,不得再参与本案其他程序的审判。但是,发回重新审判的案件,在第一审人民法院作出裁判后又进入第二审程序、在法定刑以下判处刑罚的复核程序或者死刑复核程序的,原第二审程序、在法定刑以下判处刑罚的复核程序或者死刑复核程序中的合议庭组成人员不受本款规定的限制。
	8. 依照法律和有关规定应当实行任职回避的,不得担任案件的审判人员。
	★新增2019年修订的《法官法》第24条,第36条;《检察官法》第25条,第37条规定:法官、检察官的配偶、父母、子女有下列情形之一的,法官、检察官应当实行任职回避:
	(一)担任该法官、检察官所任职人民法院、检察院辖区内律师事务所的合伙人或者设立人的;
	(二)在该法官、检察官所任职人民法院、检察院辖区内以律师身份担任诉讼代理人、辩护人,或者为诉讼案件当事人提供其他有偿法律服务的。
	(三)法官、检察官从人民法院、检察院离任后两年内,不得以律师身份担任诉讼代理人或者辩护人。
	(四)法官、检察官从人民法院、检察院离任后,不得担任原任职法院、检察院办理案件的诉讼代理人或者辩护人,但是作为当事人的监护人或者近亲属代理诉讼或者进行辩护的除外。
	(五)法官、检察官被开除后,不得担任诉讼代理人或者辩护人,但是作为当事人的监护人或者近亲属代理诉讼或者进行辩护的除外。

续表

回避种类	1. 自行回避 2. 申请回避 3. 指令回避	
回避程序	**申请时间**	任何诉讼阶段
	申请主体	当事人及其法定代理人、辩护人和诉讼代理人
	申请方式	书面 或 口头 （无论自行回避，还是申请回避均可）
	决定的主体	1. 审判委员会 →法院院长——审判人员 2. 同级检察委员会 ↗检察长——检察人员 　　　　　　　　　 ↘公安机关负责人——侦查人员 【考点点拨】法官助理、书记员、翻译人员和鉴定人的回避，实行"**谁聘请，谁决定**"原则。
	回避的后果	**1. 效力**　（1）程序是否暂停？——【注意】侦查人员的侦查活动不停止。 （2）回避后，先前行为的效力如何？效力待定——**谁决定回避，谁决定效力**。
		2. 救济　（1）复议一次——**向原决定机关**。 （2）谁要复议——当事人及其法定代理人、辩护人、诉讼代理人。 （3）无法定理由回避，当庭驳回，并不得复议。

第六章　辩护与代理

一、辩护人的诉讼地位、职责与人数

《刑事诉讼法》第 37 条　辩护人的责任是根据事实和法律，提出犯罪嫌疑人、被告人无罪、罪轻或者减轻、免除其刑事责任的材料和意见，维护犯罪嫌疑人、被告人的诉讼权利和其他合法权益。	
1. 地位	独立的诉讼参与人：（1）独立于公检法；（2）独立于犯罪嫌疑人、被告人（根据事实与法律进行辩护）。
2. 职责	（1）只承担辩护职责，专门维护犯罪嫌疑人、被告人合法权益。（2）包括实体辩护与程序辩护。
3. 人数	犯罪嫌疑人、被告人除自己行使辩护权以外，还可以委托 1 至 2 人作为辩护人。 【注意】一名辩护人不得为 2 名以上的同案被告人或者未同案处理但犯罪事实存在关联的被告人辩护。

二、辩护人的范围

可以担任辩护人的人		（1）律师； （2）人民团体或者犯罪嫌疑人、被告人所在单位推荐的人； （3）犯罪嫌疑人、被告人的监护人、亲友。
不能担任辩护人的人	绝对禁止	（1）正在被执行刑罚或者处于缓刑、假释考验期间的人。 （2）依法被剥夺、限制人身自由的人。 （3）无行为能力或者限制行为能力的人。
	相对禁止	（1）被开除公职、被吊销律师、公证员资格的人。 （2）人民法院、人民检察院、公安机关、监察机关、国家安全机关、监狱的现职人员。 （3）人民陪审员。 （4）与本案审理结果有利害关系的人。 （5）外国人或者无国籍人。 【注意】上述人员一般情况下不能担任辩护人，但如果是犯罪嫌疑人、被告人的近亲属或者是监护人，可以作为辩护人。

三、有效辩护原则

含义	在刑事诉讼中，辩护应当对保护犯罪嫌疑人、被告人的权利具有实质意义，而不仅仅是形式上的。

续表

要求	（1）犯罪嫌疑人、被告人作为刑事诉讼的当事人**在整个诉讼过程中**应当享有充分的辩护权。 （2）允许犯罪嫌疑人、被告人**聘请合格的能够有效履行辩护职责**的辩护人为其辩护，这种辩护同样应当覆盖从侦查到审判甚至执行阶段的整个刑事诉讼过程。 （3）**国家应当保障**犯罪嫌疑人、被告人**自行**辩护权的充分行使，并通过设立**法律援助制度**确保犯罪嫌疑人、被告人能够获得符合最低标准并具有实质意义的律师帮助。

四、辩护人的诉讼权利

辩护人类型 诉讼权利	辩护律师	非律师辩护人
阅卷权 （《刑事诉讼法》40条）	（1）自人民检察院对案件**审查起诉之日起**，可以查阅、摘抄、复制**本案的案卷材料**。案卷材料包括案件的**诉讼文书**和**证据材料**。 （2）合议庭、审委会的讨论记录以及其他依法不公开的材料不得查阅、摘抄、复制。 （3）对作为证据材料向人民法院移送的**讯问录音录像**，辩护律师申请查阅的，人民法院应当准许。（2021年《刑诉解释》修改新增） 【注意】辩护人复制案卷材料可以采取复印、拍照、扫描、刻录等方式，人民检察院**不收取费用**。（《高检规则》49条）	需经许可
会见通信权 （《刑事诉讼法》39条）	（1）辩护律师凭"三证"即可要求会见：**律师执业证书、律师事务所证明和委托书或者法律援助公函**； （2）看守所应当在48**小时**内安排会见； （3）以下两类案件，在侦查阶段会见在押或被监视居住的嫌疑人，仍须经侦查机关的许可：**危害国家安全犯罪、恐怖活动犯罪**； 公安机关办理对危害国家安全犯罪案件、恐怖活动犯罪案件，除有碍侦查或者可能泄露国家秘密的情形外，应当作出许可的决定。 （4）自案件移送**审查起诉之日起**，可以向犯罪嫌疑人、被告人核实有关证据； （5）辩护律师会见犯罪嫌疑人、被告人时**不被监听**。	需经许可 【注意】在审查起诉阶段是由**负责捕诉的部门**进行审查并作出是否许可的决定。

续表

辩护人类型 诉讼权利	辩护律师		非律师辩护人
调查取证权	(1) 向证人、有关单位取证，须经证人和单位同意。 (2) 向被害人、被害人近亲属及其提供的证人取证：须经检察院、法院许可，且经证人本人同意。（《刑事诉讼法》43条） (3) 申请检察院、法院调取证据材料。检察院负责捕诉的部门、法院认为确有收集、调取必要，且不宜或者不能由辩护律师收集、调取的，应当同意。检察院、法院收集、调取证据材料时，辩护律师可以在场。（不得向律师签发准许调查决定书，应当自己取证） (4) 在调查、侦查、审查起诉期间监察机关、公安机关、检察院收集的证明犯罪嫌疑人、被告人无罪或者罪轻的证据材料未提交的，申请检察院、法院调取有关证据。		只有第（4）项权利，没有第（1）～（3）项权利
提出意见权	可问可听，提要求应听	(1) **审查批捕时**——可以讯问犯罪嫌疑人；可以听取辩护人意见，辩护人提出要求应当听取其意见； (2) **侦查终结**——可以听取辩护人的意见，辩护律师提出要求的，应当听取其意见； (3) **最高院复核死刑时**——应当讯问被告人；辩护律师提出要求的，应当听取辩护律师意见；高级人民法院复核死刑案件，应当讯问被告人。	
	应问应听	(1) **审查起诉时**——应当讯问嫌疑人，应当听取辩护人或值班律师、被害人及其代理人意见； (2) **未成年人审查批捕**——应当讯问犯罪嫌疑人；应当听取辩护人意见； (3) **二审不开庭审理时**——应当讯问被告人，应当听取辩护人的意见； (4) 辩护律师申请非法证据排除的，应当听取辩护律师意见。 (5) **检察院办理死刑上诉、抗诉案件**——《高检规则》第450条 人民检察院办理死刑上诉、抗诉案件，应当进行下列工作：①讯问原审被告人，听取原审被告人的上诉理由或者辩解；②听取辩护人的意见（老法必要时听取辩护人的意见）… (6) **速裁程序宣判前。** (7) **认罪认罚案件法院改变罪名的。**	
参加法庭调查和辩论权	律师担任辩护人、诉讼代理人，经人民法院准许，可以带一名助理参加庭审。律师助理参加庭审的，可以从事辅助工作，但不得发表辩护、代理意见。（2021年《刑诉解释》修改新增）		
申请取保候审	被羁押的犯罪嫌疑人、被告人＋法定代理人＋近亲属＋辩护人（包括律师和非律师）		

续表

辩护人类型　　　　诉讼权利	辩护律师	非律师辩护人
非独立的上诉权	经被告人同意，可以提出上诉。	
解除超期羁押	被羁押的犯罪嫌疑人、被告人及其法定代理人、近亲属或者辩护人。	
提出申诉、控告	认为公、检、法阻碍其依法行使诉讼权利的，有权向同级或者上一级检察院申诉或者控告。	

五、辩护人的义务

特定证据展示义务	辩护人收集的有关犯罪嫌疑人**不在犯罪现场、未达到刑事责任年龄、属于依法不负刑事责任的精神病人**的证据，应当及时告知**公安机关、人民检察院**。
保密义务	（1）辩护律师对在执业活动中知悉的委托人的有关情况和信息，有权予以保密。但是，辩护律师在执业活动中知悉委托人或者其他人，**准备或者正在实施危害国家安全、公共安全以及严重危害他人人身安全**的犯罪的，应当及时告知司法机关。 （2）查阅、摘抄、复制案卷材料，涉及国家秘密、商业秘密、个人隐私的，应当保密；不得用于办案以外的用途。人民法院可以要求相关人员出具承诺书。
不得毁灭证据、伪造证据、妨碍作证	辩护人或者其他任何人，不得帮助犯罪嫌疑人、被告人隐匿、毁灭、伪造证据或者串供，不得威胁、引诱证人作伪证以及进行其他干扰司法机关诉讼活动的行为。
	①辩护人违反上述规定，涉嫌犯罪的：应当由办理辩护人所承办案件的侦查机关以外的侦查机关办理。②辩护人是律师的，应当及时通知其所在的律师事务所或者所属的律师协会。

六、值班律师制度

法律规定	《刑事诉讼法》第36条：**犯罪嫌疑人、被告人**没有委托辩护人，法律援助机构没有指派律师为其提供辩护的，由值班律师为犯罪嫌疑人、被告人提供**法律咨询、程序选择建议、申请变更强制措施、对案件处理提出意见**等**法律帮助**。人民法院、人民检察院、看守所应当告知犯罪嫌疑人、被告人有权约见值班律师。 【注意】危害国家安全犯罪、恐怖活动犯罪案件，侦查期间值班律师会见在押犯罪嫌疑人的，应当经侦查机关许可。
基本内涵	（1）值班律师制度是对我国辩护制度的重要补充； （2）值班律师的派驻由法援机构负责，并由法援机构确定人选、进行指导和管理。 （3）值班律师在具体案件的身份不是辩护人，不提供出庭辩护的服务。 （4）值班律师制度的适用范围覆盖所有刑事案件的所有诉讼阶段中。

续表

值班律师 的职责	（1）向犯罪嫌疑人、被告人释明认罪认罚的性质和法律规定； （2）对人民检察院指控罪名、量刑建议、诉讼程序适用<u>等事项提出意见</u>； （3）犯罪嫌疑人签署认罪认罚<u>具结书时在场</u>； （4）帮助犯罪嫌疑人、被告人及其近亲属<u>申请法律援助</u>。
	侦查阶段，值班律师可以向侦查机关<u>了解</u>犯罪嫌疑人涉嫌的罪名及案件有关情况； 案件进入<u>审查起诉阶段后</u>，值班律师可以<u>查阅案卷材料，了解案情</u>，人民检察院、人民法院应当及时安排，并提供便利。
值班方式	值班方式可以采用<u>现场值班、电话值班、网络值班</u>相结合的方式。现场值班的，可以采取<u>固定专人或轮流值班</u>，也可以采取预约值班。
被追诉人 拒绝帮助	犯罪嫌疑人、被告人明确拒绝的值班律师帮助，应当记录在案。前一诉讼程序拒绝值班律师法律帮助的，<u>后一诉讼程序的办案机关仍需告知</u>其有权获得值班律师法律帮助的权利。
法律帮助 的衔接	（1）对于<u>被羁押</u>的犯罪嫌疑人、被告人，<u>在不同诉讼阶段，可以由派驻看守所的同一值班律师提供法律帮助</u>。 （2）对于<u>未被羁押</u>的犯罪嫌疑人、被告人，前一诉讼阶段的值班律师<u>可以在后续诉讼阶段继续</u>为犯罪嫌疑人、被告人提供法律帮助。

七、辩护的种类

自行辩护			贯穿诉讼全过程，任何诉讼阶段、任何案件都可以。
委托辩护			（1）公诉案件：自被侦查机关<u>第一次讯问</u>或者采取强制措施之日起。 【注意】①侦查阶段只能委托律师担任辩护人。②嫌疑人、被告人本人可委托；如其在押，也可以由其近亲属、监护人代为委托。 （2）自诉案件：随时。
法律援助 辩护	特点	适用前提	以没有辩护人为前提。
		适用阶段	适用于侦查、审查起诉、审判阶段。
		适用程序	只能由<u>法援律师</u>担任；公、检、法三机关通知法援机构指派律师。
	种类	（1）申请 法援辩护	因<u>经济困难</u>或者其他原因没有委托辩护人的，本人及其近亲属可以向法律援助机构提出申请。对<u>符合法律援助条件</u>的，法律援助机构<u>应当指派律师</u>为其提供辩护。
		（2）强制 法援辩护	（1）《法律援助法》第二十五条：刑事案件的犯罪嫌疑人、被告人属于下列人员之一，**没有委托辩护人**的，人民法院、人民检察院、公安机关**应当通知**法律援助机构指派律师担任辩护人： （一）未成年人； （二）**视力、听力、言语残疾人**； （三）不能完全辨认自己行为的成年人； （四）**可能被判处无期徒刑、死刑的人**； （五）**申请法律援助的死刑复核案件被告人**； （六）**缺席审判案件的被告人**； （七）法律法规规定的其他人员。 ①死刑缓期执行期间故意犯罪的案件，适用强制法律援助辩护的规定。 ②法院审理强制医疗案件，被申请人或者被告人没有委托诉讼代理人。 ③高级人民法院复核死刑案件，被告人没有委托辩护人。

续表

《刑诉解释》第51条：对法律援助机构指派律师为被告人提供辩护，被告人的监护人、近亲属又代为委托辩护人的，应当听取被告人的意见，由其确定辩护人人选。	

内容	新增《最高人民法院司法部关于为死刑复核案件被告人依法提供法律援助的规定》
书面告知	第2条：高级人民法院在向被告人送达依法作出的死刑裁判文书时，应当书面告知其在最高人民法院复核死刑阶段可以委托辩护律师，也可以申请法律援助；被告人申请法律援助的，应当在十日内提出，法律援助申请书应当随案移送。
适合律师要求	第4条第1款：司法部法律援助中心在接到最高人民法院法律援助通知书后，**应当在三日内指派具有三年以上刑事辩护执业经历的律师**担任被告人的辩护律师，并函告最高人民法院。
终止法律援助	第5条：最高人民法院应当告知或者委托高级人民法院告知被告人为其指派的辩护律师的情况。**被告人拒绝指派的律师为其辩护的，最高人民法院应当准许。** 第6条第1款：被告人在死刑复核期间**自行委托辩护律师的**，司法部法律援助中心应当作出**终止法律援助的决定**，并及时函告最高人民法院。
律师要求的处理	第10条：辩护律师应当在接受指派之日起一个半月内提交书面辩护意见或者当面反映辩护意见。辩护<u>律师要求当面反映意见</u>的，最高人民法院**应当听取辩护律师**的意见。
判决书的要求	第11条：死刑复核案件裁判文书应当写明辩护律师姓名及所属律师事务所，并表述辩护律师的辩护意见。受委托宣判的人民法院应当在宣判后五日内将最高人民法院生效裁判文书送达辩护律师。

八、拒绝辩护

辩护律师拒绝辩护	（1）委托事项违法；（2）委托人利用律师提供的服务从事违法活动；（3）委托人故意隐瞒与案件有关的重要事实的。	
被告人拒绝辩护人为其辩护	被告人在一个审判程序中更换辩护人 一般不得超过两次 。	
	一般案件	被告人当庭拒绝辩护人辩护，要求另行委托辩护人或者指派律师的，合议庭应当准许。被告人拒绝辩护人辩护后， 没有辩护人的 ，应当 宣布休庭 ；仍 有辩护人的 ，庭审 可以继续 进行。重新开庭后，被告人再次当庭拒绝辩护人辩护的，可以准许，但被告人不得再次另行委托辩护人或者要求另行指派律师，由其自行辩护。

续表

强制法援辩护案件	被告人属于应当提供法律援助的情形，**重新开庭后再次当庭拒绝** 辩护人辩护的，**不予准许**。（只能拒绝一次） **对法律援助中的"应当指定辩护"情形被告人的拒绝辩护情形处理** 拒绝自己委托的律师（第一次开庭，不需要理由准许）　　拒绝指派的律师（第一次开庭，需要正当理由方可） 　　　　　　　休庭　　　　　　　　　　　　　　　休庭 ①须5日另行委托或未另行委托辩护人的，法院应当在3日内书面通知法律援助 ②重新开庭后再次当庭拒绝辩护人辩护的，不予准许 【如果是指派的】要理由 + 1 次机会 + 必须有人辩护 【如果是委托的】不用理由 + 1 次机会 + 必须有人辩护
可以法援辩护案件	对法律援助中的"可以指定辩护"情形被告人的拒绝辩护情形处理： 【不管是否指派】不用理由 + 2 次机会 + 最终只能自辩。 ——①第一次都无需理由，应当准许； ——②再次开庭又拒绝辩护，可以准许；但不能委托和要求指定辩护，只能自行辩护。

《刑诉解释》第 313 条　依照前两条规定另行委托辩护人或者通知法律援助机构指派律师的，自案件宣布休庭之日起至第十五日止，由辩护人准备辩护，但被告人及其辩护人自愿缩短时间的除外。

庭审结束后、判决宣告前另行委托辩护人的，可以不重新开庭；辩护人提交书面辩护意见的，应当接受。

九、刑事诉讼代理

案件类型	有权委托的主体	可以委托的时间	诉讼代理人范围
公诉案件的代理	被害人、其法定代理人、近亲属	自案件移送审查起诉之日起	与辩护人范围相同
自诉案件的代理	自诉人、法定代理人	随时委托	
附带民事诉讼中的代理	附带民事诉讼当事人、法定代理人	视公诉、自诉而定	

【总结】辩护人与诉讼代理人的区别

内容	辩护人	诉讼代理人
诉讼地位不同	具有独立诉讼地位	非独立的诉讼参与人
进行诉讼活动的依据不同	依据事实与法律	在授权范围内进行不得违背被代理人意志
产生的时间不同	(1) 公诉：第一次讯问或者采取强制措施之日起 (2) 自诉：随时	(1) 公诉：移送审查起诉之日起 (2) 自诉：随时

续表

内容	辩护人	诉讼代理人
委托的主体不同	犯罪嫌疑人、被告人及其监护人、近亲属	公诉案件的被害人及其法定代理人或者近亲属； 自诉案件的自诉人及其法定代理人； 附带民事诉讼的当事人及其法定代理人
承担的诉讼职能不同	辩护职能	控诉职能（附带民事诉讼的当事人委托的诉讼代理人除外）

第七章　刑事证据

一、证据的基本范畴

(一) 证据的种类 (法定形式)

证据种类	考试要点
物证	**概念：**是以其外部特征、存在位置、物理属性来证明案件真实情况的一切物品和痕迹。 (1) 所谓物品：指与案件事实有联系的客观实在物，如作案工具、赃款赃物等； (2) 所谓痕迹：指物体相互作用所产生的印痕和物体运动时所产生的轨迹，如脚印、指纹等。
书证	**概念：**指以文字、符号、图画以及三者组合体等记载的内容和表达的思想来证明案件事实的书面材料或其他物质材料。 (1) 书证载体既可以是纸张，也可以是布匹、绸缎以及竹片、木板，甚至可能直接写在地上或者墙壁上； (2) 书写的方法，既可以用手写，也可用刀刻、印刷、剪贴、拼接、复印等方法；至于书证内容的表达，多数情况下是用文字表述，但不限于文字，也可用图形和符号来表示。
证人证言	(1) **概念：**证人就其所了解的案件情况向公安司法机关所作的陈述。 (2) **证人的特点：** ——①当事人以外的人； ——②亲身感知的事实，非猜测、评论、推断； ——③自然人，自然人以外的单位、组织不能作证人； ——④证人的资格：凡是知道案件情况的人，都有作证的义务。生理上、精神上有缺陷或者年幼，不能辨别是非、不能正确表达的人，不能作证人。 ——⑤特征：不可替代性、优先性。 (3) **询问证人特点：** ——①必须保证证言的真实性。严禁对证人采用拘留、刑讯、威胁、利诱、欺骗等非法方法收集证言，在询问证人前，不得先由办案人员具体介绍案情，以暗示证人如何提供证言。不能加入主观想象和个人理解。应当通过面对面的口头方式进行，不能通过通信等其他方式进行，并且应当告知其作伪证或隐匿罪证的后果。 ——②询问未成年证人，应当通知未成年证人的法定代理人。无法通知，法定代理人不能到场或者法定代理人系犯罪嫌疑人、被告人的，也可以通知未成年犯罪嫌疑人、被告人的其他成年亲属，所在学校、单位、居住地基层组织或者未成年人保护组织的代表在场，并将有关情况记录在案。 (4) **证人出庭作证制度：**公诉人、当事人或者辩护人、诉讼代理人对证人证言有异议，该证人证言对案件定罪量刑有重大影响，人民法院认为证人有必要出庭作证的，证人应当出庭作证。

	(5) 强制出庭作证具体措施： ——①强制出庭只适用于证人，不能强制被害人、鉴定人等出庭作证； ——②强制证人出庭的，应当由院长签发强制证人出庭令。 **(6) 证人不出庭的例外：** ——①在庭审期间身患严重疾病或者行动极为不便的； ——②居所远离开庭地点且交通极为不便的； ——③身处国外短期无法回国的； ——④有其他客观原因，确实无法出庭的。 **(7) 不能强制出庭的对象：**经人民法院通知，证人没有正当理由不出庭作证的，人民法院可以强制其到庭，但是被告人的配偶、父母、子女除外。 **(8) 处罚措施：**$\begin{cases}①训诫\\②情节严重的，经院长批准，处以 10 日以下的拘留。\end{cases}$ **(9) 矛盾证言的认定：** *《刑诉解释》第 91 条：证人当庭作出的证言，经控辩双方质证、法庭查证属实的，应当作为定案的根据。 证人当庭作出的证言与其庭前证言矛盾，证人能够作出合理解释，并有其他证据印证的，应当采信其庭审证言；不能作出合理解释，而其庭前证言有其他证据印证的，可以采信其庭前证言。 经人民法院通知，证人没有正当理由拒绝出庭或者出庭后拒绝作证，法庭对其证言的真实性无法确认的，该证人证言不得作为定案的根据。 **(10) 证人出庭的费用补偿规定：**证人因履行作证义务而支出的交通、住宿、就餐等费用，应当给予补助。证人的所在单位，不得克扣或者变相克扣其工资、奖金及其他福利待遇。
被害人陈述	刑事被害人就其受害情况和其他与案件有关的情况向公安司法机关所作的陈述。
犯罪嫌疑人、被告人供述和辩解	1. 口供包括供述与辩解。 2. 口供证明力：重证据，重调查研究，不轻信口供；只有口供不能定罪。
鉴定意见	(1) 只能由专门机关指派或聘请的专门人员作出的意见才是鉴定意见。 (2) 针对的是专门性问题； 鉴定人需无利害关系； (4) 鉴定意见由鉴定人签名，单位盖章； (5) 鉴定人也要出庭接受询问； (6) **鉴定人出庭作证的制度：**"公诉人、当事人或者辩护人、诉讼代理人对鉴定意见有异议，人民法院认为鉴定人有必要出庭的，鉴定人应当出庭作证。经人民法院通知，鉴定人拒不出庭作证的，鉴定意见不得作为定案的根据。"鉴定人由于不能抗拒的原因或者有其他正当理由无法出庭的，人民法院可以根据情况决定延期审理或者重新鉴定。 (7) 鉴定人没有正当理由不出庭作证的，不得适用强制到庭措施； (8) 鉴定人因履行作证义务而支出的交通、住宿、就餐等费用不应当予以补助。

续表

勘验、检查、辨认、侦查实验等笔录	**概念**：勘验、检查、辨认、侦查实验笔录**指办案人员**对与犯罪有关的**场所、物品、痕迹、尸体等勘验、检验**所作的记载。勘验：针对死体如场所、物品、尸体；检查：针对活体，比如人身。 （1）**由专门人员所做的记载**； （2）记载的多是物证材料，但它并不是物证材料本身，而是保全这些证据的方法； （3）笔录应当由参加勘验的见证人签名或者盖章。
视听资料、电子数据	视听资料、电子数据，是指以录音、录像、电子计算机或其他高科技设备所存储的信息证明案件真实情况的资料。比如电子邮件、电子数据交换、网上聊天记录、博客、微博、手机短信、电子签名、域名等项内容。视听资料、电子数据有利于迅速、及时地收集其他证据，并且能够立体、直观地再现案件情况，也有利于方便、有效地核实其他证据。 【注意】作为视听资料的录音、录像，一般产生于诉讼开始之前，犯罪实施过程之中。如果是在刑事诉讼启动之后，公安司法机关为了收集、固定和保全证据而制作的录音、录像等，就不是视听资料、电子数据。

（二）其他能够作为证据使用的情形

行政证据向刑事证据转化	（1）＊《公安部规定》第63条公安机关接受或者依法调取的行政机关在行政执法和查办案件过程中收集的物证、书证、视听资料、电子数据、鉴定意见、勘验笔录、检查笔录等证据材料，经公安机关审查符合法定要求的，可以作为证据使用。 （2）＊《高检规则》第64条 行政机关在行政执法和查办案件过程中收集的物证、书证、视听资料、电子数据等证据材料，经人民检察院审查符合法定要求的，可以作为证据使用。 行政机关在行政执法和查办案件过程中收集的鉴定意见、勘验、检查笔录，经人民检察院审查符合法定要求的，可以作为证据使用。
监察机关收集的证据用作刑事证据	＊《高检规则》第65条 监察机关依照法律规定收集的物证、书证、证人证言、被调查人供述和辩解、视听资料、电子数据等证据材料，在刑事诉讼中可以作为证据使用。
有专门知识人出具的报告	因无鉴定机构，或者根据法律、司法解释的规定，指派、聘请有专门知识的人就案件的专门性问题出具的报告，可以作为证据使用。 对前款规定的报告的审查与认定，参照适用鉴定意见的有关规定。 经人民法院通知，出具报告的人拒不出庭作证的，有关报告不得作为定案的根据。（《刑诉解释》100条）

续表

有关部门对事故进行调查形成的报告	有关部门对事故进行调查形成的报告，在刑事诉讼中可以作为证据使用；报告中涉及专门性问题的意见，经法庭查证属实，且调查程序符合法律、有关规定的，可以作为定案的根据。	
	检验报告	《刑诉解释》第100条因无鉴定机构，或者根据法律、司法解释的规定，指派、聘请有专门知识的人就案件的专门性问题出具的报告，可以作为证据使用。（价格认定书、产品质量检验等）对前款规定的报告的审查与认定，参照适用本节的有关规定。经人民法院通知，出具报告的人拒不出庭作证的，有关报告不得作为定案的根据。
	事故调查报告	《刑诉解释》第101条有关部门对事故进行调查形成的报告，在刑事诉讼中可以作为证据使用；报告中涉及专门性问题的意见，经法庭查证属实，且调查程序符合法律、有关规定的，可以作为定案的根据。（交通事故、矿难调查报告等）
来自境外的证据材料	（1）对来自境外的证据材料，人民检察院应当随案移送有关材料来源、提供人、提取人、提取时间等情况的说明。经人民法院审查，相关证据材料能够证明案件事实且符合刑事诉讼法规定的，可以作为证据使用，但提供人或者我国与有关国家签订的双边条约对材料的使用范围有明确限制的除外；材料来源不明或者真实性无法确认的，不得作为定案的根据。当事人及其辩护人、诉讼代理人提供来自境外的证据材料的，该证据材料应当经所在国公证机关证明，所在国中央外交主管机关或者其授权机关认证，并经中华人民共和国驻该国使领馆认证，或者履行中华人民共和国与该所在国订立的有关条约中规定的证明手续，但我国与该国之间有互免认证协定的除外。（《刑诉解释》第77条）（2）控辩双方提供的证据材料涉及外国语言、文字的，应当附中文译本。（《刑诉解释》第78条）	

（三）证据的理论分类

言词证据 实物证据	根据证据的表现形式，可将证据划分为言词证据和实物证据	
	（1）只要表现为人的陈述，则是言词证据，如证人证言、被害人陈述、犯罪嫌疑人、被告人供述和辩解、鉴定意见、辨认笔录。	
	（2）凡是以物品的性质或外部特征、存在状况以及其内容表现证据价值的证据，是实物证据，如物证、书证、勘验笔录、检查笔录、视听资料、电子数据等。	
有罪证据 无罪证据	根据证据的证明作用不同，可将证据划分为有罪证据和无罪证据	
	凡是能够证明犯罪嫌疑人、被告人实施犯罪行为的证据，是有罪证据；	
	（2）凡是能够证明犯罪事实不存在的证据，证明犯罪嫌疑人、被告人没有实施犯罪行为的证据，证明犯罪嫌疑人、被告人不承担刑事责任的证据，是无罪证据。	

续表

原始证据 传来证据	根据证据的**来源不同**，可将证据划分为原始证据和传来证据
	（1）凡是**直接来源于案件事实**的证据材料，即是原始证据。凡是直接来源于案件事实本身而**不是大家常讲的案发现场**的证据材料，即是原始证据；
	（2）凡是不是直接来源于案件事实，而是从间接的非第一来源获得的证据材料，称为传来证据或第二手材料。经过复制、转述的证据。
直接证据 间接证据	根据证据与**案件主要事实的证明关系**的不同所作的划分。
	（1）能够单独证明案件主要事实的是直接证据。 ——①肯定型直接证据：一个证据能单独、直接地指出案件主要事实→是**谁实施了什么犯罪**？ ——②否定型直接证据：一个证据能单独、直接**排除发生了什么犯罪或者排除**犯罪人是谁？
	（2）不能单独证明案件主要事实，必须与其他证据结合起来才能证明案件主要事实，是间接证据。
	（3）**没有直接证据**，但间接证据同时符合下列条件的，**可以认定被告人有罪**： ——①证据已经查证属实； ——②证据之间相互印证，**不存在无法排除的矛盾和无法解释的疑问**； ——③全案证据已经形成完整的证据链； ——④根据证据认定案件事实足以排除合理怀疑，结论具有唯一性； ——⑤运用证据进行的推理符合逻辑和经验。（＊《刑诉解释》第 140 条）

二、证据的运用（**如何运用证据来认定案件事实**）

（一）证据能力与证明力

证据能力	概念	证据能力，又称"证据的适格性"、"证据资格"，是指某一材料能够被允许作为证据在诉讼中使用的能力或者资格。
	内容	判断某一材料是否具有证据能力（即能不能作为证据来使用时）应当考虑以下三个方面： （1）证据的属性。 （2）证据的审判、判断。 （3）调整证据能力的证据规则。
证明力	概念	是指已经具有证据能力的证据对于案件事实有无证明作用及证明作用如何等，也就是证据对证明案件事实的价值。

（二）证据的运用之证据能力的判断

1. 证据的属性（基本特征）

证据特征	内涵
1. 客观性	是指证据是客观存在的事实，是不以人的意志为转移的。 【注意】证人的猜测性、评论性、推断性的证言，不能作为证据使用，但根据一般生活经验判断符合事实的除外。

续表

证据特征	内涵
2. 关联性	是指作为 证据的事实与案件事实之间存在某种客观的联系 。【注意】品格材料、前科、类似事件
3. 合法性	①证据收集 主体合法 ； ②收集的证据 符合法定证据种类 ——不符合法定证据种类不能作为定案根据 ③证据收集 程序合法 ——关联考点：非法证据排除规则（注：二者不完全对等）

2. 非法证据排除规则

（1）排除的范围

适用证据	非法手段	规定达到的非法程度	是否排除	有无例外
犯罪嫌疑人、被告人供述	采用殴打、违法使用戒具等暴力方法或者变相肉刑的恶劣手段（刑讯）	使犯罪嫌疑人遭受难以忍受的痛苦而违背意愿作出的供述（痛苦）	应当排（刑讯＋痛苦）	无例外
	采用以暴力或者严重损害本人及其近亲属合法权益等进行威胁的方法（威胁）	使犯罪嫌疑人遭受难以忍受的痛苦而违背意愿作出的供述（痛苦）	应当排（威胁＋痛苦）	无例外
	采用非法拘禁等非法限制人身自由的方法收集的供述（限制自由）	无规定	应当排（限制自由）	无例外
	对采用刑讯逼供方法使犯罪嫌疑人作出供述（刑讯）	之后犯罪嫌疑人受该刑讯逼供行为影响而作出的与该供述相同的重复性供述（重复性供述）	应当排	下列例外情况不排除： ① 调查、侦查期间： 更换调查、侦查人员＋自愿供述。 ② 审查逮捕、审查起诉、审判期间： 讯问时告知诉讼权利＋认罪认罚的法律规定＋自愿供述。
证人证言、被害人陈述	采用暴力、威胁以及非法限制人身自由等非法方法收集的证人证言、被害人陈述	无规定	应当排（限制自由）	无例外

续表

适用证据	非法手段	规定达到的非法程度	是否排除	有无例外
物证、书证	收集物证、书证不符合法定程序	可能严重影响司法公正的，不能补正或者作出合理解释	应当排	下列例外情况不排除：能补正或者作出合理解释

（2）排除的阶段

在**侦查、审查起诉、审判**时发现有应当排除的证据的，应当依法予以排除，不得作为起诉意见、起诉决定和判决的依据。

【注意】对**重大案件**，人民检察院**驻看守所检察人员**在侦查终结前**应当**对讯问合法性进行核查并全程同步录音、录像，核查情况应当及时通知本院负责捕诉的部门。**负责捕诉的部门**认为确有刑讯逼供等非法取证情形的，应当要求公安机关依法排除非法证据，不得作为提请批准逮捕、移送起诉的依据。（《高检规则》第71条新增）

（3）法院阶段的排除程序

启动	依申请	①有权申请的主体	当事人及其辩护人、诉讼代理人有权申请人民法院对以非法方法收集的证据依法予以排除。
		②**申请的初步责任**	申请排除以非法方法收集的证据的，应当**提供相关线索或者材料**（指涉嫌非法取证的人员、时间、地点、方式、内容等）。
		③**申请时间**	应当在**开庭审理前**提出，但**在庭审期间才发现相关线索或者材料**的除外。
	依职权	**法庭**审理过程中，审判人员认为可能存在本法第56条规定的以非法方法收集证据情形的，应当对证据收集的合法性进行法庭调查。
法院对申请的审查	开庭审理前申请的		①开庭审理前，人民法院可以召开庭前会议，就非法证据排除等问题了解情况，听取意见。②在庭前会议中，人民检察院可以通过出示有关证据材料等方式，对证据收集的合法性加以说明。必要时，可以通知调查人员、侦查人员或者其他人员参加庭前会议，说明情况。

对证据合法性的调查	调查时间		控辩双方在庭前会议中对证据收集是否合法未达成一致意见，人民法院对证据收集的合法性有疑问的，应当在庭审中进行调查；对证据收集的合法性没有疑问，且无新的线索或者材料表明可能存在非法取证的，可以决定不再进行调查并说明理由 庭审期间，法庭决定对证据收集的合法性进行调查的，应当**先行当庭调查**。但为防止庭审过分迟延，也可以在**法庭调查结束前**进行调查。
	调查的证明	举证责任	检察院应当对证据收集的合法性加以证明。 【注意】辩方不承担举证责任。
		证明方法	由公诉人通过宣读调查、侦查讯问笔录、出示提讯登记、体检记录、对讯问合法性的核查材料等证据材料，有针对性地播放讯问录音录像，提请法庭通知有关调查人员、侦查人员或者其他人员出庭说明情况等方式，证明证据收集的合法性。 【注意】控辩双方申请法庭通知调查人员、侦查人员或者其他人员出庭说明情况，法庭认为有必要的，应当通知有关人员出庭。
最后处理			法庭对证据收集的合法性进行调查后，确认 或者 不能排除 存在刑事诉讼法第 56 条规定的以非法方法收集证据情形的，对有关证据应当排除。

3. 其他证据规则

传闻证据规则	（1）如无法定理由，任何人在**庭审期间以外及庭审准备期间以外**的陈述，都不得作为被告人有罪的证据。 （2）传闻证据，主要包括两种形式： ——①书面传闻证据，亲身感受了案件事实的证人在庭审期日之外所作的书面证人证言；（庭外陈述） ——②言词传闻证据，证人并非就自己亲身感知的事实作证，而是向法庭转述他从别人那里听到的情况。（庭上转述） （3）《刑事诉讼法》第 61 条规定：证人证言必须在法庭上经过公诉人、被害人和被告人、辩护人双方质证并且查实以后，才能作为定案的根据。这表明从原则上确认了证人应该出庭作证，如果证人不出庭而只提交书面陈述的，应视为不具有证据能力。排除传闻证据，主要理由是： **一是**：传闻证据有可能失真； **二是**：传闻证据无法接受交叉询问，无法在法庭上当面对质，真实性无法证实，也妨碍当事人权利的行使； **三是**：传闻证据并非在裁判官面前的陈述。
自白任意性规则	（1）自白任意规则：又称"非任意自白排除规则"，是指在刑事诉讼中，只有基于被追诉人自由意志而作出的自白（即承认有罪的供述），才具有可采性； （2）《刑事诉讼法》第 52 条规定：严禁刑讯逼供和以**威胁、引诱、欺骗**以及其他非法方法收集证据，不得强迫任何人证实自己有罪。

意见证据规则	（1）证人只能陈述自己亲身感受和经历的事实，证人的职责只是把事实提供给法院，而不是发表对该事实的意见。 （2）证人猜测性、评论性、推断性的证言，不能作为证据使用，但根据一般生活经验判断符合事实的除外。
最佳证据规则	（1）最佳证据规则，又称原始证据规则，是指以**文字、符号、图形**等方式记载的内容来证明案件时，其原件才是最佳证据。 （2）最佳证据规则通常只适用于文字材料。
补强证据规则	（1）"补强证据规则"，是指用以增强另一证据证明力的证据。一开始收集到的对证实案情有重要意义的证据，**称为"主证据"**，而用以印证该证据真实性的其他证据，**就称之为"补强证据"**。
	（2）补强证据必须满足以下条件： ——①补强证据必须具有证据能力。 ——②补强证据本身必须具有担保补强对象真实的能力。 ——③补强证据必须具有独立的来源。被告人在审前程序中所作供述就**不能作为**其当庭供述的补强证据。
	（3）**口供补强规则**：只有被告人供述，没有其他证据的，不能认定被告人有罪和处以刑罚。没有被告人供述，证据确实充分的，可以认定犯罪嫌疑人、被告人有罪和处以刑罚。
	（4）**一般证据的补强规则**：下列证据应当慎重使用，有其他证据印证的，可以采信： ——①生理上、精神上有缺陷，对案件事实的认知和表达存在一定困难，但尚未丧失正确认知、表达能力的被害人、证人和被告人所作的陈述、证言和供述； ——②与被告人有亲属关系或者其他密切关系的证人所作的有利被告人的证言，或者与被告人有利害冲突的证人所作的不利被告人的证言。

4. 证据的审查判断（直接排除与可补正）

物证、书证	直接排除	①原物的照片、录像或者复制品，不能反映原物的外形和特征的； ②对书证的更改或者更改迹象不能作出合理解释，或者书证的副本、复制件不能反映原件及其内容的，不得作为定案的根据； ③在勘验、检查、搜查过程中提取、扣押的物证、书证，未附笔录或者清单，不能证明物证、书证来源的。
	可补正	…………………………………………………………………

证人证言	直接排除	处于 明显醉酒、中毒或者麻醉 等状态，不能正常感知或者正确表达的证人所提供的证言，不得作为证据使用； ②证人的 猜测性、评论性、推断性 的证言，不得作为证据使用，但根据一般生活经验判断符合事实的除外； ③询问证人没有个别进行的； ④书面证言 没有经证人核对确认 的； ⑤询问聋、哑人，应当提供通晓聋、哑手势的人员而未提供 的； ⑥询问不通晓当地通用语言、文字的证人，应当提供翻译人员而未提供 的； ⑦采用 暴力、威胁 以及 非法限制人身自由 等非法方法收集的证人证言、被害人陈述，应当予以排除； ⑧经人民法院通知，证人没有正当理由拒绝出庭或者出庭后拒绝作证，法庭对其证言的真实性无法确认的，该证人证言不得作为定案的根据。 【记忆技巧】麻醉猜测未个别；核对翻译由暴胁
	可补正	…………………………………………………………………
供述	直接排除	①讯问笔录 没有经被告人核对确认 的； ②讯问聋、哑人，应当提供通晓聋、哑手势的人员而未提供 的； ③讯问不通晓当地通用语言、文字的被告人，应当提供翻译人员而未提供 的。 ④讯问未成年人，其法定代理人或者合适成年人不在场的。【2021 年新增】 ⑤采用刑讯逼供等非法方法收集的犯罪嫌疑人、被告人供述，应当予以排除。 ⑥采用刑讯逼供或者 冻、饿、晒、烤、疲劳审讯 等非法方法收集的被告人供述，应当排除。 ⑦除情况紧急必须现场讯问以外，在 规定的办案场所外讯问取得的供述，应当排除。 ⑧ 未依法对讯问进行全程录音录像取得的供述，以及不能排除以非法方法取得的供述，应当排除。 ⑨采用以暴力或者严重损害本人及其近亲属合法权益等进行 威胁的方法，使 犯罪嫌疑人、被告人遭受难以忍受的 痛苦而违背意愿作出的供述，应当予以排除。 ⑩采用 非法拘禁 等非法限制人身自由的方法收集的犯罪嫌疑人、被告人供述，应当予以排除。 ⑪【重复性供述的排除】采用刑讯逼供方法使犯罪嫌疑人、被告人作出供述，之后犯罪嫌疑人、被告人受该刑讯逼供行为影响而作出的与该供述相同的重复性供述，应当一并排除，但下列情形除外：

续表

		（1）侦查期间，根据控告、举报或者自己发现等，侦查机关确认或者不能排除以非法方法收集证据而 更换侦查人员 ，其他侦查人员再次讯问时告知诉讼权利和认罪的法律后果，犯罪嫌疑人自愿供述的； （2）审查逮捕、审查起诉和审判期间，检察人员、审判人员讯问时告知诉讼权利和认罪的法律后果，犯罪嫌疑人、被告人自愿供述的。
	可补正	……………………………………………………………………
鉴定意见	直接排除	①鉴定机构不具备法定资质，或者鉴定事项超出该鉴定机构业务范围、技术条件的； ②鉴定人不具备法定资质，不具有相关专业技术或者职称，或者违反回避规定的； ③送检材料、样本来源不明，或者因污染不具备鉴定条件的； ④鉴定对象与送检材料、样本不一致的； ⑤鉴定程序违反规定的； ⑥鉴定过程和方法不符合相关专业的规范要求的； ⑦鉴定文书缺少签名、盖章的； ⑧鉴定意见与案件待证事实没有关联的； ⑨违反有关规定的其他情形。 【注意】经法院通知，鉴定人拒不出庭作证的，其鉴定意见不得作为定案根据。
辨认笔录	直接排除	①辨认不是在调查人员、侦查人员主持下进行的； ②辨认前使辨认人见到辨认对象的； ③辨认活动 没有个别 进行的； ④辨认对象 没有混杂在具有类似特征 的其他对象中，或者供辨认对象 数量不符合规定 的； ⑤辨认中给辨认人明显暗示或者明显有指认嫌疑的； ⑥违反有关规定、不能确定辨认笔录真实性的其他情形。
	可补正	……………………………………………………………………
侦查实验笔录	直接排除	侦查实验的条件与事件发生时的条件有明显差异，或者存在影响实验结论科学性的其他情形的。
视听资料、电子数据	直接排除	①系篡改、伪造或者无法确定真伪的； ②视听资料制作、取得的时间、地点、方式等有疑问，不能作出合理解释的。 ③电子数据有增加、删除、修改等情形，影响电子数据真实性的； ④其他无法保证电子数据真实性的情形。

（三）证据的运用之如何运用证据来证明

1. 证明对象

需要证明的事实	实体法事实	定罪、量刑的事实。
	程序法事实	回避（只针对请客送礼、违反规定会见的情形）；逮捕；期间的恢复；非法证据排除。
免证事实		1. 为一般人共同知晓的常识性事实； 2. 人民法院生效裁判所确认的并且未依审判监督程序重新审理的事实； 3. 法律、法规的内容以及适用等属于审判人员履行职务所应当知晓的事实； 4. 在法庭审理中**不存在异议**的**程序**事实； 5. 法律规定的推定事实； 6. 自然规律或者定律。

2. 证明责任

证明责任的两项内容：（1） 行为 意义上的证明责任，即提出证据的责任；		
（2） 结果 意义上的证明责任，即在案件最终真伪不明时承担败诉风险的责任。		
控方承担证明责任	公诉案件	证明犯罪嫌疑人、被告人有罪的责任由 检察院 承担。
	自诉案件	自诉人 应对其控诉承担证明责任。
辩方不承担，但有例外情形需要提出证据		被告人一般不承担证明责任，既不证明自己有罪，也不证明自己无罪。 【注意】巨额财产来源不明案件；非法持有国家绝密、机密文件、资料、物品罪。 【注意】虽然辩方在这两类案件中承担一定的提出证据的责任，但其并不是承担证明责任。
【注意】法院不承担证明责任，但可以调查核实证据。		

3. 证明要求（证明标准）

诉讼阶段	证明标准
立 案	有证据证明犯罪事实发生。
逮 捕	有证据证明有犯罪事实：①有证据证明有犯罪事实发生；②能证明犯罪事实系犯罪嫌疑人所为；③证据已经有部分查证属实。
侦查终结	犯罪事实清楚，证据确实、充分。
审查起诉	犯罪事实清楚，证据确实、充分。
定 罪	犯罪事实清楚，证据确实、充分。其中，证据确实、充分，应当符合以下条件： ——①定罪量刑的事实都有证据证明； ——②据以定案的证据均经法定程序查证属实； ——③综合全案证据，对所认定事实已**排除合理怀疑**。（《刑事诉讼法》55 条）

4. 疑罪从无（达不到证明标准的案件处理方式）

体现	审查起诉	证据不足不起诉
	一审	证据不足的无罪判决

【注意】①在**二审**程序中，如果发现原判决事实不清楚或者证据不足的，可以查清事实后改判；也可以裁定撤销原判，发回原审法院重新审判。

②**死缓复核程序**中，如果认为原判事实不清、证据不足的，处理方式与二审程序一样。

③**死刑复核程序**中，如果认为原判事实不清、证据不足的，应当裁定不予核准，并撤销原判，发回重新审判。

第八章 强制措施

一、强制措施概述

（一）强制措施的特征

1. 主体的特定性	公检法三机关
2. 适用对象的唯一性	犯罪嫌疑人、被告人
3. 目的具有预防性	是 预防性措施 ，而不是 惩戒性措施
4. 适用上具有法定性	必须依照法定的程序进行
5. 时间上具有临时性	是一种 临时性措施 ，时间短；根据案件的进展情况可变更或者解除

二、强制措施的种类（从轻到重：拘传、取保候审、监视居住、拘留、逮捕）

（一）拘传

主体		公检法三机关都可以决定和执行
对象		未被羁押的犯罪嫌疑人、被告人 （不能针对单位犯罪的诉讼代表人）
程序	（1）批准	县级以上公安机关负责人、检察院检察长、法院院长批准，签发《拘传证》。
	（2）执行	①被拘传人所在的市县进行；（辖区外，应当通知当地机关协助）。②人员不得少于 两人 。③应向被拘传人出示拘传证。抗拒的，可使用戒具，强制到案。 【注意】拘传必须出示拘传证，亦即不能口头拘传。
	（3）讯问	①对犯罪嫌疑人、被告人应当立即讯问。 ②一次拘传持续的时间不得超过 12 小时 。案情特别重大、复杂需要拘留、逮捕的不得超过24小时。不得以连续传唤、拘传的形式变相拘禁犯罪嫌疑人。 ③两次拘传间隔的时间一般不得少于12小时。拘传犯罪嫌疑人，应当保证犯罪嫌疑人的饮食和必要的休息时间。（《高检规则》第83条）
拘传与传唤的区别	对象不同	拘传——未被羁押的犯罪嫌疑人、被告人。传唤——当事人。
	强制力不同	拘传——具有强制性，是强制措施。传唤——不具有强制性。
	【注意】传唤并非拘传的必经程序。	

（二）取保候审

决定机关	法院、检察院、公安机关决定
执行机关	公安机关或国安执行

续表

对象	无需逮捕的犯罪嫌疑人、被告人			
适用情形	(1) 可能判处管制、拘役或者独立适用附加刑的； (2) 可能判处有期徒刑以上刑罚，采取取保候审不致发生社会危险性； (3) 严重疾病、生活不能自理、怀孕或者正在哺乳自己婴儿的，不致发生社会危险性的； (4) 羁押期限届满，案件尚未办结，需要采取取保候审的。			
取保方式（二择一）	**1. 保证人**	**可以** 责令提供保证人的情形	一般可以责令其提供 1 至 2 名保证人情形： ——①无力交纳保证金的； ——②未成年或者已满 75 周岁的； ——③不宜收取保证金的其他被告人。	
		保证人的条件	①与 **本案** 无牵连；②有能力履行保证义务；③享有政治权利，人身 **自由没有被限制**；④有 **固定** 的 **住处** 和收入。	
		保证人的义务	① **监督**；②及时 **报告**	
		保证人的责任	① **行政责任**：罚款（1000～2 万）； ② **刑事责任**：协助逃匿、明知藏匿地点而拒绝提供的。	
	2. 保证金	（1）数额	保证金应当以 **人民币** 交纳，起点金额为 1000 元。	
		（2）确定保证金考虑的因素	取保候审的决定机关应当综合考虑保证诉讼活动正常进行的需要，被取保候审人的社会危险性，案件的性质、情节，可能判处刑罚的轻重，被取保候审人的经济状况等情况，确定保证金的数额。 【注意】决定机关的权利①决定是否取保？②用什么方式（保证人或保证金）担保？③用多少保证金？④是否解除取保？	
		（3）保证金的收取、管理与退还	保证金由县级以上执行机关统一收取和管理。提供保证金的人应当将保证金存入 **执行机关** 指定银行的专门账户。未违反规定的，在取保候审结束时，凭解除取保候审的通知或者有关法律文书到银行领取退还的保证金。	
被取保候审人的义务	**法定义务**	(1) 未经执行机关批准不得离开所居住的市、县； ——★《公安部规定》第 95 条：法院、检察院决定取保候审的，应当征得决定取保候审的机关同意。 (2) 住址、工作单位和联系方式发生变动的，在 24 小时以内向 **执行机关** 报告； (3) 在传讯的时候及时到案； (4) 不得以任何形式干扰证人作证； (5) 不得毁灭、伪造证据或者串供。		
	酌定义务	可以根据案件情况，责令被取保候审的犯罪嫌疑人、被告人遵守以下一项或者多项规定： (1) 不得进入特定的场所； (2) 不得与特定的人员会见或者通信； (3) 不得从事特定的活动； (4) 将护照等出入境证件、驾驶证件交执行机关保存。		

续表

违反义务的后果	违规	（1）取保候审期间违反上述法定义务或酌定义务，则应视情节轻重由执行机关没收保证金的全部或者一部分，在此基础上，区别情形，责令犯罪嫌疑人、被告人具结悔过，重新交纳保证金或提出保证人。 （2）对于不宜再取保候审的，可以监视居住或者予以逮捕。对需要予以逮捕的，可以对犯罪嫌疑人、被告人先行拘留。
	涉罪	（1）在取保候审期间涉嫌重新犯罪，执行机关应当暂扣其保证金，待人民法院判决生效后，决定是否没收。 （2）对故意重新犯罪的，应当没收保证金；对过失重新犯罪或者不构成犯罪的，应当退还保证金。
取保候审的程序	申请主体	犯罪嫌疑人、被告人；法定代理人；近亲属；辩护人
	期限	12个月（三个机关可以分别计算12个月）。 【注意】同一机关再次决定对其取保候审的，取保候审的期限应当连续计算。 【注意】不同机关决定继续对其取保候审的，取保候审的期限重新计算。

（三）监视居住

主体	法院、检察院、公安机关决定
执行机关	公安机关或国安执行
适用情形	替代逮捕	公检法对符合逮捕条件，有下列情形之一的犯罪嫌疑人、被告人，可以监视居住： ①患有严重疾病、生活不能自理的； ②怀孕或者正在哺乳自己婴儿的妇女； ③系生活不能自理的人的唯一扶养人； ④羁押期限届满，案件尚未办结，需要采取监视居住措施的。

	替代取保候审	符合取保候审条件，但不能提出保证人，也不交纳保证金的，可以监视居住。
被监视居住人的义务		①未经执行机关批准不得离开执行监视居住的处所； ②未经执行机关批准不得会见他人或者通信；（家庭成员、聘请过辩护律师除外） ③在传讯的时候及时到案； ④不得以任何形式干扰证人作证； ⑤不得毁灭、伪造证据或者串供； ⑥将护照等出入境证件、身份证件、驾驶证件交执行机关保存。
违反后果		违反上述规定，情节严重的，可以予以逮捕；需要予以逮捕的，可以对犯罪嫌疑人、被告人先行拘留。

续表

监视居住的程序	决定主体	公检法	
	执行主体	公安机关或国安	
	期限	6 个月（三个机关可以分别计算 6 个月）。 【注意】同一机关再次决定对其取保候审的，取保候审的期限 应当连续计算。 【注意】不同机关决定继续对其取保候审的，取保候审的期限 重新计算。	
	执行处所	住处	监视居住应当在犯罪嫌疑人、被告人的住处执行。
		指定居所	（1）无固定住处的，可以在指定的居所执行。 （2）对于涉嫌危害国家安全犯罪、恐怖活动犯罪、在住处执行可能有碍侦查的，经上一级公安机关批准，也可以在指定居所执行。 （3）对指定居所监视居住的决定时和执行时检察院的监督部门不同： ——①公安和法院决定指定居所监视居住：检察院的捕诉部门负责监督；但公安和法院执行指定居所监视居住：检察院负责刑事执行检察的部门。 ——②检察院决定和执行指定居所监视居住：检察院的负责控告申诉检察的部门监督。
		不能指定场所	（1）采取指定居所监视居住的，不得在看守所、拘留所、监狱等羁押、监管场所以及留置室、讯问室等专门的办案场所、办公区域执行。 （2）指定居所监视居住的，不得要求被监视居住人支付费用。
	监视方式	执行机关可以采取电子监控、不定期检查等监视方法对其遵守监视居住规定的情况进行监督，在侦查期间，可以对被监视居住的犯罪嫌疑人的通信进行监控。	
	24 小时内通知	对被告人指定居所监视居住后，人民法院应当在 24 小时以内，将监视居住的原因 和 处所通知其家属；确实无法通知的，应当记录在案。（《刑诉解释》161 条第 2 款）	
折抵刑期	（1）被判处管制的，指定居所监视居住一日折抵刑期一日； （2）被判处拘役、有期徒刑的，指定居所监视居住二日折抵刑期一日。		

（四）拘留

主体	检察院和公安机关 决定，由 公安机关和国家安全机关 执行。
对象	现行犯或者重大嫌疑分子
适用对象	①正在预备犯罪、实行犯罪或者在犯罪后即时被发觉的； ②被害人或者在场亲眼看见的人指认他犯罪的； ③在身边或者住处发现有犯罪证据的； ④犯罪后企图自杀、逃跑或者在逃的； ⑤有毁灭、伪造证据或者串供可能的； ⑥不讲真实姓名、住址，身份不明的； ⑦有流窜作案、多次作案、结伙作案重大嫌疑的。

续表

拘留程序	决定权	公安机关、检察院。
	执行权	公安机关和国家安全机关
	24小时内完成的三件事	①公安机关拘留人时，须出示拘留证（**紧急情况下除外**）。 ②拘留后，应当立即将被拘留人送看守所羁押，至迟不得超过 24 小时。 ③应当在拘留后 24 小时以内，通知被拘留人的家属。 【注意】除无法通知或者涉嫌**危害国家安全犯罪、恐怖活动犯罪**通知可能有碍侦查的情形以外。有碍侦查的情形消失以后，应当立即通知被拘留人的家属。
		公安机关、检察机关对被拘留的人，应当在拘留后的 24 小时以内进行讯问。 【注意】遵循"谁决定、谁通知；谁决定，谁讯问"原则。
	异地拘留	应当通知当地公安机关予以协助。
拘留期限	公安机关	①一般：3＋7＝10 ②特殊 3＋4＋7＝14 ③（流、结、多）30＋7＝37
	检察院	①一般：14 ②特殊 14＋3＝17

（五）逮捕

1. 逮捕的条件

基本逮捕条件	证据要件	"有证据证明有犯罪事实"： ①发生了犯罪事实；②是犯罪嫌疑人实施的；③证据已经查证属实的。
	刑罚要件	可能判处**徒刑**以上刑罚。
	必要性（社会危险性）	采取取保候审尚不足以防止发生下列社会危险性的 【注意】认罪认罚等情况，作为是否可能发生社会危险性的考虑因素。（《刑事诉讼法》第 81 条第 2 款）
强制逮捕		（1）可能判处 10 年有期徒刑以上刑罚； （2）可能判处徒刑以上刑罚，曾经故意犯罪； （3）可能判处徒刑以上刑罚，不讲真实姓名、住址，身份不明的。

2. 逮捕的程序

逮捕主体	法院	决定逮捕权	
	检察院	批准逮捕权	对于公安机关移送要求审查批准逮捕的案件，人民检察院有批准权。
		决定逮捕权	检察院自侦案件，有权决定逮捕。 【注意】由本院负责侦查的部门移送**本院负责捕诉的部门**审查，负责捕诉的部门**报请检察长**决定是否逮捕。 ②在审查起诉中，依法有权自行决定逮捕。
	公安机关	**执行逮捕权**。	

续表

审查批捕程序	公安机关提请批准逮捕——→检察院审查	审查方法（兼听则明）｛查阅公安机关移送的案卷材料／讯问嫌疑人、听取辩护律师意见等｝ 审查结果｛批准逮捕——→公安执行逮捕／不批准逮捕——→公安机关救济｝
	讯问犯罪嫌疑人	——①对是否符合逮捕条件有疑问； ——②犯罪嫌疑人要求向检察人员当面陈述的； ——③侦查活动可能有重大违法行为的，即办案严重违反法律规定的程序，或者存在刑讯逼供等严重侵犯犯罪嫌疑人人身权利和其他诉讼权利等情形； ——④案情重大疑难复杂的； ——⑤犯罪嫌疑人认罪认罚的； ——⑥犯罪嫌疑人系未成年人的； ——⑦犯罪嫌疑人是盲、聋、哑人或者是尚未完全丧失辨认或者控制自己行为能力的精神病人。 【注意】讯问未被拘留的犯罪嫌疑人，讯问前应当听取公安机关的意见。
	听取诉讼参与人的意见	人民检察院审查批准逮捕，可以询问证人等诉讼参与人，听取辩护律师的意见；辩护律师提出要求的，应当听取辩护律师的意见。 【注意】对有重大影响的案件，可以采取当面听取侦查人员、犯罪嫌疑人及其辩护人等意见的方式进行公开审查。 【注意】犯罪嫌疑人自愿认罪认罚、没有辩护人的，在审查逮捕阶段，人民检察院应当要求公安机关通知值班律师为其提供法律帮助。
审查批捕的决定	期限	（1）已被拘留的——应当在 7 日以内作出决定； （2）未被拘留的——应当在15 日以内作出决定，重大、复杂案件，不得超过20 日。
	①批准逮捕	可以制作继续侦查提纲，公安机关应当立即执行，并将执行情况及时通知检察院。
	②不批准逮捕	作出不批准逮捕，检察院应当说明理由，连同案卷材料送达公安机关执行。需要补充侦查的，应当制作补充侦查提纲，送交公安机关。（这是逮捕阶段的补充侦查规定） 【注意】再不批准逮捕的，应当要求公安机关在收到不批准逮捕决定书后，立即释放在押的犯罪嫌疑人或者变更强制措施。
	③作出不批并告知撤销或终止侦查	*《高检规则》：第 287 条　对于没有犯罪事实或者犯罪嫌疑人具有刑事诉讼法第十六条规定情形之一，人民检察院作出不批准逮捕决定的，应当同时告知公安机关撤销案件。 对于有犯罪事实需要追究刑事责任，但不是被立案侦查的犯罪嫌疑人实施，或者共同犯罪案件中部分犯罪嫌疑人不负刑事责任，人民检察院作出不批准逮捕决定的，应当同时告知公安机关对有关犯罪嫌疑人终止侦查。 公安机关在收到不批准逮捕决定书后超过十五日未要求复议、提请复核，也不撤销案件或者终止侦查的，人民检察院应当发出纠正违法通知书。公安机关仍不纠正的，报上一级人民检察院协商同级公安机关处理。

	④检察院自己纠正错误	(1) *《高检规则》**第289条** 对**已经作出的批准逮捕决定**发现确有错误的，人民检察院应当撤销原批准逮捕决定，送达公安机关执行。 对**已经作出的不批准逮捕决定**发现确有错误，需要批准逮捕的，人民检察院应当撤销原不批准逮捕决定，**并重新作出批准逮捕决定**，送达公安机关执行。 对因撤销原批准逮捕决定而被释放的犯罪嫌疑人或者逮捕后公安机关变更为取保候审、监视居住的犯罪嫌疑人，又发现需要逮捕的，**人民检察院应当重新办理逮捕手续**。 (2) *《高检规则》**第293条** 对公安机关提请批准逮捕的案件，**负责捕诉的部门**应当将批准、变更、撤销逮捕措施的情况书面通知本院**负责刑事执行检察的部门**。
	⑤逮捕的听证制度	*《高检规则》**第281条** 对有重大影响的案件，可以采取当面听取侦查人员、犯罪嫌疑人及其辩护人等**意见的方式进行公开审查**。
公安机关的救济		公安机关认为不批捕有错误，**可以向原检察机关复议**。如果意见不被接受，**可以向上一级人民检察院提请复核**。 【注意】人民检察院作出不批准逮捕决定，并且通知公安机关补充侦查的案件，**公安机关在补充侦查后又要求复议的，人民检察院应当告知公安机关重新提请批准逮捕**。公安机关坚持要求复议的，人民检察院不予受理。
执行逮捕		①执行：公安机关2人以上执行。 ②逮捕后，应当**立即**送到看守所羁押。 ③应当在24小时内通知家属。逮捕通知书应当写明**逮捕原因和羁押处所**（除无法通知的以外）。 ④应当在24小时内讯问。（**谁想捕，谁通知、谁讯问**） 法院、检察院对于各自决定逮捕的人，公安机关对于经检察院批准逮捕的人，都必须在逮捕后24小时内讯问。 ⑤异地执行：应当通知当地的**公安机关协助**。

逮捕的变更	变更对象	可以变更	①患有严重疾病、生活不能自理的； ②怀孕或者正在哺乳自己婴儿的； ③系生活不能自理的人的唯一扶养人。
		应当立即释放；**必要时，可以依法变更强制措施**	①第一审人民法院判决被告人无罪、不负刑事责任或者免予刑事处罚的； ②第一审人民法院判处管制、宣告缓刑、单独适用附加刑，判决尚未发生法律效力的； ③被告人被羁押的时间已到第一审人民法院对其判处的刑期期限； ④案件不能在法律规定的期限内审结的。

【注意】被采取强制措施的被告人，被判处管制、缓刑的，**在社区矫正开始后，强制措施自动解除**；被单处附加刑的，在判决、裁定发生法律效力后，**强制措施自动解除**；被判处监禁刑的，在刑罚开始执行后，**强制措施自动解除**。《刑诉解释》第172条）

3. 羁押必要性审查

<table>
<tr><td rowspan="3">启动方式</td><td>依职权</td><td colspan="2">*《高检规则》第574条 人民检察院在办案过程中可以依职权主动进行羁押必要性审查。</td></tr>
<tr><td>依申请（提供证据或材料）</td><td colspan="2">犯罪嫌疑人、被告人及其法定代理人、近亲属或者辩护人可以申请人民检察院进行羁押必要性审查。申请时应当说明不需要继续羁押的理由，有相关证据或者其他材料的应当提供。</td></tr>
<tr><td>看守所可建议</td><td colspan="2">看守所根据在押人员身体状况，可以建议人民检察院进行羁押必要性审查。</td></tr>
<tr><td rowspan="3">审查部门</td><td rowspan="3">负责捕诉的部门</td><td>侦查和审判阶段</td><td>应当建议释放或者变更</td></tr>
<tr><td>审查起诉阶段</td><td>应当直接决定释放或者变更</td></tr>
<tr><td>执行阶段</td><td>刑事执行检察的部门移送负责捕诉的部门审查决定</td></tr>
<tr><td rowspan="4">应当建议情形</td><td>没有犯罪</td><td colspan="2" rowspan="4">*《高检规则》第579条 人民检察院发现犯罪嫌疑人、被告人具有下列情形之一的，应当向办案机关提出释放或者变更强制措施的建议：
（一）案件证据发生重大变化，没有证据证明有犯罪事实或者犯罪行为系犯罪嫌疑人、被告人所为的；
（二）案件事实或者情节发生变化，犯罪嫌疑人、被告人可能被判处拘役、管制、独立适用附加刑、免予刑事处罚或者判决无罪的；
（三）继续羁押犯罪嫌疑人、被告人，羁押期限将超过依法可能判处的刑期的；
（四）案件事实基本查清，证据已经收集固定，符合取保候审或者监视居住条件的。</td></tr>
<tr><td>有期以下</td></tr>
<tr><td>羁押期满</td></tr>
<tr><td>符合取监</td></tr>
<tr><td>应当说理</td><td colspan="3">*《高检规则》第581条第1款 人民检察院向办案机关发出释放或者变更强制措施建议书的，应当说明不需要继续羁押犯罪嫌疑人、被告人的理由和法律依据，并要求办案机关在十日以内回复处理情况。</td></tr>
<tr><td>应当跟踪</td><td colspan="3">《高检规则》第581条第2款 人民检察院应当跟踪办案机关对释放或者变更强制措施建议的处理情况。办案机关未在十日以内回复处理情况的，应当提出纠正意见。</td></tr>
</table>

三、监察机关移送案件的强制措施

<table>
<tr><td>基本原则</td><td>《刑事诉讼法》第170条第2款：对于监察机关移送起诉的已采取留置措施的案件，人民检察院应当对犯罪嫌疑人先行拘留，留置措施自动解除。人民检察院应当在拘留后的10日以内作出是否逮捕、取保候审或者监视居住的决定。在特殊情况下，决定的时间可以延长1日至4日。人民检察院决定采取强制措施的期间不计入审查起诉期限。</td></tr>
</table>

四、几种特殊情况下逮捕的审批机关

<table>
<tr><td rowspan="16">特殊的犯罪嫌疑人的强制措施的程序</td><td rowspan="7">人大代表</td><td>本级</td><td>报请本级人大主席团或者常委会许可；</td></tr>
<tr><td>上级</td><td>层报所属人大同级的检察院报请许可；</td></tr>
<tr><td>下级</td><td>直接报请该代表所属人大主席团或者常委会许可，也可以委托该代表所属的人大同级的检察院报请许可；</td></tr>
<tr><td>乡级</td><td>由县级检察院报告乡、民族乡、镇人大；</td></tr>
<tr><td>两级</td><td>分别依照以上规定报请许可；</td></tr>
<tr><td>外地</td><td>委托该代表所属的人大同级的人民检察院报请许可；</td></tr>
<tr><td>现行犯</td><td>现行犯可以先拘留后"报告"，再报批逮捕的手续。</td></tr>
<tr><td rowspan="2">外国人</td><td>★★
涉及政治外交国安的逮捕</td><td>(1) 外国人、无国籍人涉嫌危害国家安全犯罪的案件或者涉及国与国之间政治、外交关系的案件以及在适用法律上确有疑难的案件，认为需要逮捕犯罪嫌疑人的，分别由基层人民检察院或者设区的市级人民检察院审查并提出意见，层报最高人民检察院审查。
(2) 最高人民检察院经审查认为需要逮捕的，经征求外交部的意见后，作出批准逮捕的批复，经审查认为不需要逮捕的，作出不批准逮捕的批复。基层人民检察院或者设区的市级人民检察院审查根据最高人民检察院的批复，依法作出批准或者不批准逮捕的决定。
(3) 层报过程中，上级人民检察院经审查认为不需要逮捕的，应当作出不批准逮捕的批复，报送的人民检察院根据批复依法作出不批准逮捕的决定。
(4) 基层人民检察院或者设区的市级人民检察院认为不需要逮捕的，可以直接依法作出不批准逮捕的决定。(＊《高检规则》：第 294 条第 2 款)</td></tr>
<tr><td>不涉及政治外交国安</td><td>决定批准逮捕的人民检察院应当在作出批准逮捕决定后 48 小时以内报上一级人民检察院备案，同时向同级人民政府外事部门通报。(＊《高检规则》第 294 条第 3 款)</td></tr>
<tr><td>事业单位工作人员</td><td colspan="2">＊《高检规则》：第 153 条：人民检察院决定对涉嫌犯罪的机关事业单位工作人员取保候审、监视居住、拘留、逮捕的，应当在采取或者解除强制措施后五日以内告知其所在单位；决定撤销案件或者不起诉的，应当在作出决定后十日以内告知其所在单位。</td></tr>
</table>

第九章　附带民事诉讼

一、成立条件

提起时间	（1）从立案到一审判决宣告之前 【注意】第一审期间未提起附带民事诉讼，在第二审期间提起的，第二审人民法院可以依法进行调解；调解不成的，告知当事人可以在刑事判决、裁定生效后另行提起民事诉讼。 （2）侦查、审查起诉期间，有权提起附带民事诉讼的人提出赔偿要求，经公安机关、人民检察院调解，当事人双方已经达成协议并全部履行，被害人或者其法定代理人、近亲属又提起附带民事诉讼的，人民法院不予受理，但有证据证明调解违反自愿、合法原则的除外。
以刑事诉讼为前提	（1）如果刑事部分作出撤销案件、不起诉的处理，附带民事诉讼不能继续进行，而应当另行提起民事诉讼。 （2）人民法院认定公诉案件被告人的行为不构成犯罪的，对已经提起的附带民事诉讼，经调解不能达成协议的，可以一并作出刑事附带民事判决，也可以告知附带民事原告人另行提起民事诉讼。（*《刑诉解释》第197条第1款） （3）人民法院准许人民检察院撤回起诉的公诉案件，对已经提起的附带民事诉讼，可以进行调解；不宜调解或者经调解不能达成协议的，应当裁定驳回起诉，并告知附带民事诉讼原告人可以另行提起民事诉讼；（*《刑诉解释》第197条第2款）
原告人符合法定条件	①因为犯罪行为而遭受物质损失的被害人； ②当被害人是未成年人或精神病人等限制行为能力人时，其法定代理人可以代为提起附带民事诉讼； ③被害人死亡或者丧失行为能力的，其法定代理人、近亲属可以提起附带民事诉讼； ④国家财产、集体财产遭受损失，受损单位未提起，检察院在提起公诉时可以提起附带民事诉讼。 （注意）：检察院提起附带民事诉讼的，应当列为附带民事诉讼原告人。但应当判令被告人直接向遭受损失的单位作出赔偿；遭受损失的单位已经终止，应当判令其向继受人作出赔偿；没有权利义务继受人的，应当判令其向人民检察院交付赔偿款，由检察院上缴国库。

续表

有明确的被告人	①刑事被告人以及未被追究刑事责任的其他共同侵害人； ②刑事被告人的监护人； ③死刑罪犯的遗产继承人； ④共同犯罪案件中，案件审结前死亡的被告人的遗产继承人； ⑤对被害人的物质损失依法应当承担赔偿责任的其他单位和个人。 【注意】附带民事诉讼被告人的亲友自愿代为赔偿的，可以准许。
	①被害人或者其法定代理人、近亲属仅对部分共同侵害人提起附带民事诉讼的，法院应当告知其可以对其他共同侵害人，包括没有被追究刑事责任的共同侵害人，一并提起附带民事诉讼，但共同犯罪案件中同案犯在逃的除外。 ②被害人或者其法定代理人、近亲属放弃对其他共同侵害人的诉讼权利的，法院应当告知其相应法律后果，并在裁判文书中说明其放弃诉讼请求的情况。 ③共同犯罪案件，同案犯在逃的，不应列为附带民事诉讼被告人。逃跑的同案犯到案后，被害人或者其法定代理人、近亲属可以对其提起附带民事诉讼，但已经从其他共同犯罪人处获得足额赔偿的除外。
不能提起附带民诉的情形	（1）因受到犯罪侵犯，提起附带民事诉讼或者单独提起民事诉讼要求赔偿精神损失的，人民法院一般不予受理。（2021年刑诉解释修改） （2）★《刑诉解释》第175条：被害人因人身权利受到犯罪侵犯或者财物被犯罪分子毁坏而遭受物质损失的，有权在刑事诉讼过程中提起附带民事诉讼。即将来可能会产生的损失不属于赔偿范围（物质损失＝实际损失＋必然损失）。 【注意】被告人非法占有（盗窃、诈骗）、非法处置被害人财产的，应当依法予以追缴或者责令退赔。 （3）物质损失必须是由被告人的犯罪行为直接造成的。如引起犯罪行为的民事纠纷和因犯罪行为间接引起的； （4）国家机关工作人员在行使职权时，侵权提起附带民事诉讼的，人民法院不予受理，但应当告知其可以依法申请国家赔偿。
附带民事案件赔偿项目	①人身伤害赔：医疗费、护理费、交通费等为治疗和康复支付的合理费用，以及因误工减少的收入； ②造成被害人残疾的赔：医疗费、护理费、交通费等为治疗和康复支付的合理费用，以及因误工减少的收入、残疾生活辅助具费等费用； ③造成被害人死亡的赔：医疗费、护理费、交通费等为治疗和康复支付的合理费用，以及因误工减少的收入、赔偿丧葬费等费用； ④附带民事诉讼当事人就民事赔偿问题达成调解、和解协议的，赔偿范围、数额不受限制。 【注意】★★★2014年最高人民法院关于交通肇事刑事附带民事赔偿范围问题的答复湖北高院依据《刑事诉讼法》第99、101和司法解释155规定："交通肇事案件的死亡赔偿金和残疾赔偿金"纳入赔偿范围。

二、附带民事诉讼财产保全

财产保全	诉前财产保全	启动方式 （只能依申请）	在提起附带民事诉讼前，可以向被保全财产所在地、被申请人居住地或者对案件有管辖权的人民法院申请采取保全措施。	
		担保要求	对于诉前财产保全，申请人应当提供担保，不提供担保的，裁定驳回申请。	
		起诉要求	申请人在人民法院受理刑事案件后15日内未提起附带民事诉讼的，人民法院应当解除保全措施。	
	诉讼中的财产保全	启动方式	依申请	依申请根据附带民诉原告人或者检察院申请，可以裁定采取保全措施。
			依职权	未提出申请的，必要时，人民法院也可以采取保全措施。
		担保要求	担保要求可以责令申请人提供担保，申请人不提供担保的，裁定驳回申请。	

三、附带民事诉讼审理程序

附带民事诉讼的审理	受理	法院应当在7日内决定是否立案。符合有关规定的，应当受理；不符合的，裁定不予受理。	
	审理	审理原则与组织	附带民事诉讼应当同刑事案件一并审判，只有为了防止刑事案件审判的过分迟延，才可以在刑事案件审判后，由同一审判组织继续审理附带民事诉讼。
		证明责任	附带民事诉讼当事人对自己提出的主张，有责任提供证据。
		调解	（1）附带民事诉讼案件，可以根据自愿、合法的原则进行调解。应当制作调解书。调解书经双方当事人签收后，即具有法律效力。调解达成协议并即时履行完毕的，可以不制作调解书，但应当制作笔录。 （2）调解未达成协议或者调解书签收前当事人反悔的，附带民事诉讼应当同刑事诉讼一并判决。 （3）二审附带民事部分审理中，原审民事原告人增加独立的诉讼请求或者原审民事被告人提出反诉的，第二审人民法院可以根据当事人自愿的原则就新增加的诉讼请求或者反诉进行调解，调解不成的，告知当事人另行提起民事诉讼。
	处理	当事人缺席的后果	（1）附带民事诉讼原告人经传唤，无正当理由拒不到庭，或者未经法庭许可中途退庭的，应当按撤诉处理。 （2）刑事被告人以外的附带民事诉讼被告人经传唤，无正当理由拒不到庭，或者未经法庭许可中途退庭的，附带民事部分可以缺席判决。 （3）刑事被告人以外的附带民事诉讼被告人下落不明，或者用公告送达以外的其他方式无法送达，可能导致刑事案件审判过分迟延的，可以不将其列为附带民事诉讼被告人，告知附带民事诉讼原告人另行提起民事诉讼。
		最后处理	应当结合被告人赔偿被害人物质损失的情况认定其悔罪表现，并在量刑时予以考虑。追缴、退赔的情况，可以作为量刑情节考虑。

第十章　期间、送达

一、期间的一般计算

1. 期间是以时、日、月来计算。开始的时、日不计算在内。

2. 以月计算的期间，自本月某日至下月同日为一个月；期限起算日为本月最后一日的，至下月最后一日为一个月；下月同日不存在的，自本月某日至下月最后一日为一个月；半个月一律按十五日计算。

3. 以年计算的刑期，自本年本月某日至次年同月同日前一日为一年；次年同月同日不存在的，自本年本月某日至次年同月最后一日的前一日为一年。以月计算的刑期，自本月某日至下月同日的前一日为一个月；刑期起算日为本月最后一日的，至下月最后一日的前一日为一个月；下月同日不存在的，自本月某日至下月最后一日的前一日为一个月；半个月一律按十五日计算。

4. 期间的最后一日为节假日的，以节假日后的第一日为期满日期，但在押期间不得因节假日而延长。

5. 法定期间不包括路途上的时间。

二、期间的特殊计算

期间的恢复	（1）申请主体：当事人； （2）原因：有正当理由，如由于不可抗拒； （3）时间：必须在障碍消除后5天之内； （4）处理：法院审查，作出裁定。
期间的重新计算	在侦查期间，发现另有重要罪行的，自发现之日起依法重新计算侦查羁押期限。 （须报检察院备案） "另有重要罪行"是指与逮捕时的罪行不同种的重大犯罪以及同种犯罪并将影响罪名认定、量刑档次的重大犯罪。

三、送达的具体规定

直接送达	（1）直接送达：指公安司法机关派员将诉讼文件直接交给收件人。而不是通过中介人或中间环节。 （2）如果收件人本人不在，由他的成年家属或所在单位的负责收件人代收，代收人也应当在送达回证上记明收到日期，并且签名或者盖章。签收的日期为送达的日期。

续表

留置送达	（1）本人或者代收人拒绝接受诉讼文件或者拒绝签名、盖章时，送达人员将诉讼文件放置在收件人或代收人的住处。 （2）收件人本人或者代收人拒绝接收或者拒绝签名、盖章的时候，送达人员邀请他的邻居或者其他见证人到场，说明情况，在送达回证上记明拒收的事由和日期，即视为送达。 （3）诉讼文件的留置送达与交给收件人或代收人具有同样的法律效力。 （4）收件人或者代收件人拒绝签收的，也可以把诉讼文书留在受达人的住处，并采用拍照、录像等方式记录送达过程，即视为送达。 实战贴士：调解书不适合留置送达，如收件人拒绝接受调解书，视为调解无效。
委托送达	（1）指承办案件的公安司法机关委托收件人所在地的公安司法机关代为送达的一种方式。 （2）委托送达的前提是，收件人所在地与送达主体的所在地不一致，直接送达有困难。
邮寄送达	＊《刑诉解释》第207条：邮寄送达的，应当将诉讼文书、送达回证邮寄给收件人。签收日期为送达日期。 （1）通过邮局以挂号信的方式将需送达文书邮寄给受送达人。挂号回执上注明日期为送达的日期。 （2）人民法院向域外居住的当事人送达文书的，受送达人所在国法律允许的，可以邮寄送达。自邮寄之日起满3个月，送达回证未退回，但根据各种情况以认定已经送达的，视为送达。
转交送达	军人 通过所在部队团级以上单位的政治部门转交； 服刑人员 可以通过执行机关转交； 接受专门矫治教育 可以通过相关机构转交。
考点提醒	（1）刑事诉讼法没有公告送达； （2）送达回证是公安司法机关依法送达诉讼文件的证明文件，是计算期间的根据； （3）收件人在送达回证上签收的日期可能与挂号回执上注明的日期不一致，公安司法机关应在送达回证上作出说明，并以挂号回执上注明的日期为送达日期。

第二编 分 论

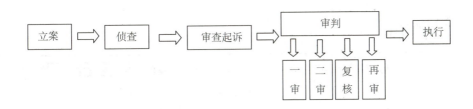

第十一章 立 案

本章知识点体系速览：

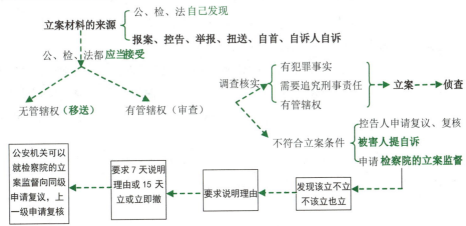

一、立案的材料来源

（一）**公安机关或者检察院等**侦查机关直接发现的犯罪事实或者获得的犯罪线索
（二）单位或个人的**报案或者举报**
（三）被害人的**报案或者控告**
（四）犯罪人的自首
（五）其他来源

二、立案的条件

公诉案件	（1）**有犯罪事实发生**；（2）**需要追究刑事责任**（注意《刑事诉讼法》16 条）。
自诉案件	（1）案件属于自诉范围；（2）案件属于受诉法院管辖；（3）被害人告诉；（4）有明确的被告人、具体诉讼请求和有证据证明被告人犯罪事实。

三、立案的程序

材料接受	（1）对材料都应当接受。对于**不属于自己管辖的，应当移送主管机关处理**，必须采取紧急措施的，应当先采取紧急措施，然后移送主管机关。 （2）报案、控告、举报可以用**书面或口头**提出。 （3）应当说明诬告应负的法律责任。但是，只要不是捏造事实，伪造证据，即使控告、举报的事实有出入，甚至是错告的，也要和诬告严格加以区别。 （4）保障**扭送人、报案人、控告人、举报人及其近亲属**的安全，不愿公开的，要保密。
调查核实	（1）负责侦查的部门对案件线索进行审查后，认为属于本院管辖，需要**进一步调查核实的，应当报检察长决定。**（《高检规则》第 166 条） （2）调查核实**一般不得**接触被调查对象。必须接触被调查对象的，应当经**检察长**批准。（《高检规则》第 168 条） （3）进行调查核实，可以采取询问、查询、勘验、检查、鉴定、调取证据材料等不限制被调查对象人身、财产权利的措施。**不得对被调查对象采取强制措施，不得查封、扣押、冻结被调查对象的财产，不得采取技术侦查措施。**（《高检规则》第 169 条）
对立案材料的审查	（1）有没有犯罪事实发生；（2）需不需要追究刑事责任。
对立案材料的处理	立案或不立案。（书面决定，告知控告人）

四、立案监督

检察院	检察院认为公安机关对应当立案而不立案侦查的，**应当**要求公安机关说明不立案的理由。公安机关**应当在 7 日**内说明情况书面答复检察院。检察院认为公安机关不立案的理由不能成立的，应当通知公安机关。公安机关在收到《通知立案书》后，应当在 **15 日**内决定立案。
公安对检察院立案监督的救济	（1）公安机关认为检察院撤销案件通知有错误的，应当在 5 日以内经县级以上公安机关负责人**批准**，要求同级检察院复议。检察院在7 日内作出决定。 （2）公安不接受检察院复议决定的，应当在 5 日以内经县级以上公安机关负责人**批准**，提请上一级检察院复核。上一级检察院应当在 15 日内作出决定。

被害人	向 公安机关 申请复议、复核	（1） 控告人 对不予立案决定不服的，可以在收到不予立案通知书后 7 日 以内向 作出决定的公安机关 申请复议； （2） 控告人 对不予立案的复议决定不服的，可以在收到复议决定书后 7 日 以内向上一级公安机关申请复核。上一级公安机关应当在收到复核申请后 30 日以内作出决定。对上级公安机关撤销不予立案决定的，下级机关应当 执行。（《公安部规定》第 179 条）
	向 检察院 提 出申诉	（1） 被害人及其法定代理人、近亲属或者行政执法机关 认为公安对应当 立案侦查的案件不立案侦查，还可以向人民检察院提出申诉。人民检察院 应当要求公安机关说明不立案的理由。
	向 法院 提起 自诉	对于不予立案的情形，且犯罪侵犯被害人的人身或者财产权利的，被害人 有权直接向法院提起自诉。
行政执法 机关	向 公安机关 申请复议	移送案件的行政执法机关 对不予立案决定不服的，可以在收到不予立案 通知书后 3 日 以内向作出决定的公安机关申请复议；公安机关应当在收到 行政执法机关的复议申请后 3 日以内作出决定，并书面通知移送案件的行 政执法机关。（《公安部规定》第 181 条）
	向 检察院 提 出申诉	被害人及其法定代理人 、 近亲属或者行政执法机关 认为公安对应当立案 侦查的案件不立案侦查，还可以向人民检察院提出申诉。人民检察院应当 要求公安机关说明不立案的理由。

第十二章　侦　查

本章知识点体系速览：

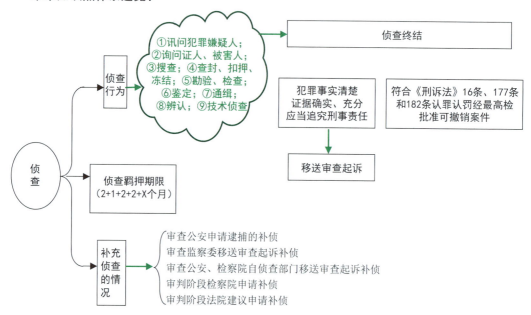

一、侦查行为

讯问 犯罪 嫌疑 人	主体	讯问犯罪嫌疑人必须由人民检察院或者公安机关的**侦查人员负责进行**。 讯问的时候，侦查人员**不得少于二人**。 讯问犯罪嫌疑人，由检察人员负责进行。讯问时，检察人员或者 检察人员和书记员 不得少于2人。
	地点	（1）**不需要羁押的**——对不需要逮捕、拘留的犯罪嫌疑人，可以传唤到 犯罪嫌疑人所在市、县内的指定地点 或者到 他的住处 进行讯问，但是应当出示人民检察院或者公安机关的证明文件。对在现场发现的犯罪嫌疑人，经出示工作证件，可以口头传唤，但应当在讯问笔录中注明。 （2）**已被羁押的**——犯罪嫌疑人被送交看守所羁押以后，侦查人员对其进行讯问，应当 在 看守所内 进行。
	时间	传唤、拘传持续的时间**不得超过12小时**；案情特别重大、复杂，需要采取拘留、逮捕措施的，传唤、拘传持续的时间**不得超过24小时**。两次传唤间隔的时间一般不得少于12小时。不得以连续传唤的方式变相拘禁犯罪嫌疑人。应当保证犯罪嫌疑人的饮食和必要的休息时间。

	程序	（1）侦查人员在讯问犯罪嫌疑人的时候，应当首先讯问犯罪嫌疑人 是否有犯罪行为 ，让他陈述有罪的情节或者无罪的辩解，然后向他提出问题。 （2）犯罪嫌疑人对侦查人员的提问， 应当如实回答 。但是对与本案无关的问题，有拒绝回答的权利。 （3）侦查人员在讯问犯罪嫌疑人的时候，应当 告知犯罪嫌疑人享有的诉讼权利 ，如实供述自己罪行可以从宽处理和 认罪认罚的法律规定 。 （4）侦查人员在讯问犯罪嫌疑人的时候，可以对讯问过程进行录音或者录像；对于可能判处 无期徒刑、死刑的案件 或者 其他重大犯罪案件 ，应当对讯问过程进行录音或者录像。录音或者录像应当全程进行，保持完整性。 【注意】人民检察院办理直接受理侦查的案件，应当在每次讯问犯罪嫌疑人时，对讯问过程实行全程录音、录像，并在讯问笔录中注明。
	讯问特殊对象	（1）未成年人： 应当通知 他的法定代理人或者 合适的成年人 在场。 （2）女性未成年人：应当 女工作人员在场 。 （3）聋哑人：应当有通晓聋哑手势的人参加。 （4）不通晓当地语言文字的犯罪嫌疑人：应当配备翻译人员。
询问证人、被害人	主体	侦查 人员，不得少于 2 人
	地点	侦查人员询问证人和被害人，可以在 现场 进行，也可以到 证人和被害人所在单位、住处或者证人和被害人提出的地点 进行，在必要的时候，可以 通知证人和被害人 到 人民检察院或者公安机关 提供证言。 【注意】侦查人员询问 证人和被害人 不得另行指定其他地点。 【注意】＊《高检规则》第 194 条第 2 款：询问重大或者有社会影响的案件的重要证人，应当对询问过程实行全程录音、录像，并在询问笔录中注明。
	方法	侦查人员询问证人，应当个别进行。

续表

勘验、检查	主体	侦查人员 对于与犯罪有关的 场所、物品、人身、尸体 应当进行勘验或者检查。必要时，可以指派或者聘请 具有专门知识的人 ，在侦查人员的主持下进行勘验、检查。
	对象	（1）勘验的对象：场所、物品、尸体 （2）检查的对象：活人的身体（包括犯罪嫌疑人、被害人）
	程序	（1）侦查人员执行勘验、检查，必须持有 人民检察院或者公安机关的 证明文件 。 （2）勘验时，人民检察院 应当邀请两名与案件无关的见证人 在场。（《高检规则》第197条）
	人身检查	①犯罪嫌疑人如果拒绝检查，侦查人员认为必要的时候，可以强制检查。 ②检查妇女的身体，应当由 女工作人员或者医师 进行。
	尸体解剖	对于死因不明的尸体，经县级以上公安机关负责人批准，可以解剖尸体或开棺检验，并通知死者家属到场。
	侦查实验	为了查明案情，在必要的时候，经公安机关负责人或者检察长批准 ，可以进行侦查实验。侦查实验的情况应当写成笔录，由参加实验的人签名或者盖章。侦查实验，禁止一切足以造成危险、侮辱人格或者有伤风化的行为 。
搜查	主体	侦查人员，不得少于2人。
	范围	犯罪嫌疑人以及可能隐藏罪犯或者罪证的人的身体、物品、住处和其他有关地方。
	程序	（1）搜查妇女的身体，应当由 女工作人员 进行。 （2）进行搜查，必须向被搜查人出示搜查证。在执行逮捕、拘留的时候，遇有紧急情况，不另用搜查证也可以进行搜查 。 （3）公安机关负责人、检察长都有权签发搜查证。 （4）搜查时，应当有被搜查人或者他的家属、邻居或者其他见证人在场。
查封、扣押物证、书证	主体	侦查人员，不得少于2人
	对象	仅限于 与本案有关 可以用来证明有罪无罪的物品、文件。 【注意】发现与本案无关的物证、书证必须在 3天 之内解除。
	程序	（1）扣押无须扣押证 。 （2）对查封、扣押的财物、文件，应当会同在场见证人和被查封、扣押财物、文件持有人查点清楚，当场开列清单 一式二份 ，由侦查人员、见证人和持有人签名或者盖章，一份交给持有人，另一份附卷备查。 （3）应有见证人在场。 （4）人民检察院、公安机关根据侦查犯罪的需要，可以依照规定 查询、冻结犯罪嫌疑人的存款、汇款、债券、股票、基金份额等财产 。有关单位和个人应当配合。犯罪嫌疑人的存款、汇款、债券、股票、基金份额等财产已被冻结的，不得重复冻结 。 （5）需要扣押嫌疑人的邮件、电报，经 公安机关或者人民检察院 批准，即可通知 邮电机关 将有关的邮件、电报检交扣押。

续表

鉴定	主体	由侦查机关 指派或者聘请，只能是自然人
	事项	专门性事实问题
	特殊	(1) 精神病鉴定的期间 不计入 办案期限。 (2) 鉴定意见告知犯罪嫌疑人、被害人。被害人死亡或者没有诉讼行为能力的，应当告知其法定代理人、近亲属或诉讼代理人。 如果犯罪嫌疑人、被害人提出申请，可以补充鉴定或者重新鉴定。
辨认	主持	辨认应当 在侦查人员的主持下进行。主持辨认的侦查人员不得少于 2 人。 【注意】在辨认前，应当向辨认人详细询问被辨认对象的具体特征。
	主体	为了查明案情，在必要的时候，侦查人员可以让 被害人、证人或者犯罪嫌疑人 对与犯罪有关的物品、文件、尸体、场所或者犯罪嫌疑人进行辨认。
	程序	(1) 个别原则：几名辨认人对同一对象进行辨认时，应当由每名辨认人 个别 进行。 (2) 混杂原则：(相似性要求＋数量上的要求) ——①公安机关: 7 人；10 张人的照片；物 5 件；物的照片 10 张 (不少于)； ——②检察机关: 7 人；10 张人的照片；物 5 件；物的照片 5 张 (不少于)。 【注意】对场所、尸体等特定辨认对象进行辨认，或者辨认人能够准确描述物品独有特征的，陪衬物不受数量的限制。 (3) 保密原则：对犯罪嫌疑人的辨认，辨认人不愿公开进行时，可以在不暴露辨认人的情况下进行，并应当为其保守秘密。 (4) 防止预断：辨认前禁止见到被辨认人或者被辨认物原则。 (5) 不得暗示：不得给辨认人任何暗示。 (6) 现场监督：必要时，可以有见证人在场。(《高检规则》第 225 条)
通缉	主体	①决定主体：公安机关和人民检察院、监察委。 ②发布主体：公安机关。 【注意】《监察法》第二十九条：依法应当留置的被调查人如果在逃，监察机关可以决定在本行政区域内通缉，由公安机关发布通缉令，追捕归案。 【注意】超出自己管辖的地区，应报请有权决定的 上级机关 发布。
	对象	应当逮捕而在逃的犯罪嫌疑人，或者已被逮捕但脱逃的犯罪嫌疑人。

续表

<table>
<tr><td rowspan="8">技术侦查与技术调查</td><td>主体</td><td>（1）决定主体——公安机关、检察院、监察委员会
（2）执行机关——公安机关</td></tr>
<tr><td>案件范围</td><td>（1）公安机关——公安机关在立案后，对于危害国家安全犯罪、恐怖活动犯罪、黑社会性质的组织犯罪、重大毒品犯罪或者其他严重危害社会的犯罪案件，根据侦查犯罪的需要，经过严格的批准手续，可以采取技术侦查措施。
（2）检察院——人民检察院在立案后，对于利用职权实施的严重侵犯公民人身权利的重大犯罪案件，根据侦查犯罪的需要，经过严格的批准手续，可以采取技术侦查措施，按照规定交有关机关执行。
（3）监察机关——监察机关调查涉嫌重大贪污贿赂等职务犯罪，根据需要，经过严格的批准手续，可以采取技术调查措施，按照规定交有关机关执行。（《监察法》第28条第1款）
（4）公安机关、检察院——追捕被通缉或者批准、决定逮捕的在逃的被追诉人。</td></tr>
<tr><td>种类与期限</td><td>（1）根据侦查犯罪的需要，确定采取技术侦查措施的种类和适用对象。
（2）批准决定自签发之日起3个月以内有效。对于不需要继续的，应当及时解除；对于复杂、疑难案件，经过批准，有效期可以延长，每次不得超过3个月。
（3）采取技术侦查措施收集的材料作为证据使用的，批准采取技术侦查措施的法律文书应当附卷，辩护律师可以依法查阅、摘抄、复制。</td></tr>
<tr><td>执行程序</td><td>（1）采取技术侦查措施，必须严格按照批准的措施种类、适用对象和期限执行。
（2）技术侦查措施中知悉的国家秘密、商业秘密和个人隐私，应当保密。
（3）采取技术侦查措施获取的材料，只能用于对犯罪的侦查、起诉和审判，不得用于其他用途；与案件无关的材料，应当及时销毁。
（4）公安机关依法采取技术侦查措施，有关单位和个人应配合，并对有关情况予以保密。</td></tr>
<tr><td>秘密侦查</td><td>为了查明案情，在必要的时候，经公安机关负责人决定，可以由有关人员隐匿其身份实施侦查。但是，不得诱使他人犯罪，不得采用可能危害公共安全或者发生重大人身危险的方法。</td></tr>
<tr><td>控制下交付</td><td>对涉及给付毒品等违禁品或者财物的犯罪活动，公安根据侦查需要，可依规定实施控制下交付。</td></tr>
<tr><td>证据使用</td><td>（1）采取侦查措施收集的材料在刑事诉讼中可以作为证据使用。如果使用该证据可能危及有关人员的人身安全，或者可能产生其他严重后果的，应当采取不暴露有关人员身份、技术方法等保护措施，必要的时候，可以建议不在法庭上质证，由审判人员在庭外对证据进行核实。
（2）采取技术侦查措施收集的证据，除可能危及有关人员的人身安全，或者可能产生其他严重后果的，由法院依职权庭外调查核实的外，未经法庭调查程序查证属实，不得作为定案的根据。</td></tr>
</table>

二、公安侦查羁押期限

	情形	期限	批准主体
公安侦查羁押期限	一般	2 个月	无需批准
	案情复杂、期限届满不能终结	延长 1 个月	上一级人民检察院
	"交流广集"且重大复杂	延长 2 个月	省、自治区、直辖市人民检察院批准或者决定
	可能判处 10 年有期徒刑以上	延长 2 个月	省、自治区、直辖市人民检察院批准或者决定
	特殊原因	无期限	最高人民检察院报全国大会常务委员会批准延期审理

三、侦查终结

侦查终结的条件	相应的处理
(1) 认为犯罪嫌疑人有罪，符合犯罪事实清楚，证据确实充分条件	移送负责捕诉的部门审查起诉
(2) 发现犯罪嫌疑人无罪或符合《刑事诉讼法》第 16 条，以及自愿如实供述涉嫌犯罪的事实，有重大立功或者案件涉及国家重大利益的，经最高人民检察院核准	撤销案件
【注意】侦查机关在案件侦查终结前，辩护律师提出要求的，侦查机关应当听取辩护律师的意见，并记录在案。辩护律师提出书面意见的，应当附卷。	

第十三章　起　诉

本章知识点体系速览：

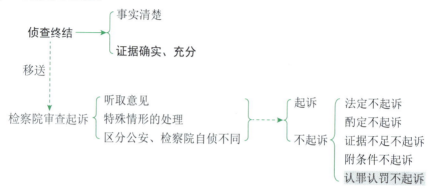

一、起诉制度

起诉方式	我国刑事诉讼实行以 **公诉为主、自诉为辅** 的犯罪追诉机制。
起诉原则	我国采用以 **起诉法定主义为主，兼采起诉便宜主义** 的起诉原则。

二、审查起诉

审查主体		人民检察院负责捕诉的部门
管辖		各级人民检察院提起公诉，应当与人民法院审判管辖相适应。
审查期限	正常计算	应当在一个月以内作出决定，重大、复杂的案件，可以延长十五日；犯罪嫌疑人认罪认罚，符合速裁程序适用条件的，应当在十日以内作出决定，对可能判处的有期徒刑超过一年的，可以延长至十五日。
	重新计算	补充侦查和改变管辖 【注意】**从改变后的检察院收到案件之日起计算审查起诉期限**。
	中止计算	①犯罪嫌疑人逃跑的；②犯罪嫌疑人长期患精神病、重大疾病。
审查方式		人民检察院审查案件，**应当讯问犯罪嫌疑人，听取辩护人或者值班律师、被害人及其诉讼代理人的意见，**并记录在案。辩护人或者值班律师、被害人及其诉讼代理人提出书面意见的，应当附卷。

	材料不齐	及时要求移送案件的单位补送相关材料。		
特殊情形的处理	无管辖权	检察院侦查的归监委会管	应当及时商请监察机关办理。	
		检察院侦查的归公安管	①不用商量，事实清楚、证据充分的，直接起诉。②不用商量，不符合起诉条件，移送有关机关处理。	
		监察委调查的归公安管	要征求双方，没有不同意见的，可以直接起诉。	
		公安侦查的归监委会管	要征求双方，有意见或事实不清、证据不足，退回。	
	审查起诉阶段补充侦查	退回补充侦查（补充调查）	退回的补侦机关	①公安机关②监察机关（注意，监察机关为"补充调查"）③检察院负责侦查的部门
			适用情形	认为 犯罪事实不清、证据不足 或者存在 遗漏罪行、遗漏同案犯罪嫌疑人 等情形。
			期限次数	（1）每次1个月，以2次为限；（2）改变了管辖前后总共也不能超过2次。
			补侦后果	①经过1次补充侦查、补充调查后移送起诉，仍然事实不清、证据不足的，可以不起诉，也可以继续补充侦查；②经过第2次充侦查、补充调查后移送起诉，仍然事实不清、证据不足的，经检察长批准，应当不起诉。
		自行侦查	期限计算主体	补充侦查完毕，审查起诉的期限需要重新计算。检察院（负责捕诉的部门）
	遗漏同案犯	应当要求公安 补充侦查 或者 补充移送起诉 ；事实清楚，证据充分，也可以直接公诉。		
	发现新犯罪	二次退回 补充侦查或者二次退回补充调查的案件，在审查起诉中又发现新的犯罪事实的——应当移送公安机关或者监察机关立案侦查；对已经查清的犯罪事实，应当依法提起公诉。		
	无犯罪事实	不起诉（法定）		
审查后的处理	①提起公诉；②不起诉。			

三、提起公诉

提起公诉的条件	① 犯罪事实已经查清，证据确实、充分； ② 依法应当追究刑事责任。
案件的移送	应当向人民法院移送起诉书、案卷材料、证据和认罪认罚具结书等材料。（包括普通程序或简易程序）。
提出量刑建议	人民检察院提起公诉的案件，可以向人民法院提出量刑建议。除有减轻处罚或者免除处罚情节外，量刑建议应当在法定量刑幅度内提出。
新增《人民检察院办理认罪认罚案件开展量刑建议工作的指导意见》	
一般规定要求	第一条第一款：犯罪嫌疑人认罪认罚的，人民检察院应当就主刑、附加刑、是否适用缓刑等提出量刑建议。 第四条：办理认罪认罚案件，人民检察院一般应当提出确定刑量刑建议。对新类型、不常见犯罪案件，量刑情节复杂的重罪案件等，也可以提出幅度刑量刑建议，但应当严格控制所提量刑建议的幅度。 第五条：人民检察院办理认罪认罚案件提出量刑建议，应当按照有关规定对听取意见情况进行同步录音录像。
量刑证据的审查	第八条第二款：有关个人品格方面的证据材料不得作为定罪证据，但与犯罪相关的个人品格情况可以作为酌定量刑情节予以综合考虑。 第九条：人民检察院办理认罪认罚案件提出量刑建议，应当听取被害人及其诉讼代理人的意见。 犯罪嫌疑人自愿认罪并且有赔偿意愿，但被害方拒绝接受赔偿或者赔偿请求明显不合理，未能达成调解或者和解协议的，可以综合考量赔偿情况及全案情节对犯罪嫌疑人予以适当从宽，但罪行极其严重、情节极其恶劣的除外。 必要时，人民检察院可以听取侦查机关、相关行政执法机关、案发地或者居住地基层组织和群众的意见。 第十条：侦查机关未委托调查评估，人民检察院拟提出判处管制、缓刑量刑建议的，一般应当委托犯罪嫌疑人居住地的社区矫正机构或者有关组织进行调查评估，必要时，也可以自行调查评估。 调查评估意见是人民检察院提出判处管制、缓刑量刑建议的重要参考。
量刑建议的提出	第十二条：提出确定刑量刑建议应当明确主刑适用刑种、刑期和是否适用缓刑。 建议判处拘役的，一般应当提出确定刑量刑建议。 建议判处附加刑的，应当提出附加刑的类型。 建议判处罚金刑的，应当以犯罪情节为根据，综合考虑犯罪嫌疑人缴纳罚金的能力提出确定的数额。 建议适用缓刑的，应当明确提出。 第十三条：除有减轻处罚情节外，幅度刑量刑建议应当在法定量刑幅度内提出，不得兼跨两种以上主刑。 建议判处有期徒刑的，一般应当提出相对明确的量刑幅度。 第十四条：在从宽幅度上，主动认罪认罚优于被动认罪认罚，早认罪认罚优于晚认罪认罚，彻底认罪认罚优于不彻底认罪认罚，稳定认罪认罚优于不稳定认罪认罚。

	认罪认罚的从宽幅度一般应当大于仅有坦白，或者虽认罪但不认罚的从宽幅度。对犯罪嫌疑人具有自首、坦白情节，同时认罪认罚的，应当在法定刑幅度内给予相对更大的从宽幅度。 **第十七条**：犯罪嫌疑人**犯数罪**，同时具有立功、累犯等量刑情节的，先适用该量刑情节调节个罪基准刑，**分别提出量刑建议**，再依法提出数罪并罚后决定执行的刑罚的量刑建议。 **第十八条**：对于**共同犯罪案件**，人民检察院应当根据各犯罪嫌疑人在共同犯罪中的地位、作用以及应当承担的刑事责任**分别提出量刑建议**。 **第二十一条**：案件具有下列情形之一的，**检察官应当向部门负责人报告或者建议召开检察官联席会议讨论**，确定量刑建议范围后再组织听取意见： （一）新类型、不常见犯罪； （二）案情重大、疑难、复杂的； （三）涉案犯罪嫌疑人人数众多的； （四）**性侵未成年人的；** （五）与同类案件或者关联案件处理结果明显不一致的； （六）其他认为有必要报告或讨论的。 检察官应当按照有关规定在权限范围内提出量刑建议。案情重大、疑难、复杂的，量刑建议应当由检察长或者检察委员会讨论决定。
听取意见	**第二十二条**：犯罪嫌疑人要求委托辩护人的，应当充分保障其辩护权，严禁要求犯罪嫌疑人解除委托。 **第二十三条**：对法律援助机构指派律师为犯罪嫌疑人提供辩护，犯罪嫌疑人的监护人、近亲属又代为委托辩护人的，应当听取犯罪嫌疑人的意见，由其确定辩护人人选。犯罪嫌疑人是未成年人的，应当听取其监护人意见。 **第二十四条**：人民检察院听取意见可以采取当面、远程视频等方式进行。 **第二十六条**：人民检察院在听取意见的过程中，必要时可以通过出示、宣读、播放等方式向犯罪嫌疑人开示或部分开示影响定罪量刑的主要证据材料，说明证据证明的内容，促使犯罪嫌疑人认罪认罚。 **第二十七条**：犯罪嫌疑人有辩护人的，应当由辩护人在场见证具结并签字，不得绕开辩护人安排值班律师代为见证具结。辩护人确因客观原因无法到场的，可以通过远程视频方式见证具结。 犯罪嫌疑人自愿认罪认罚，没有委托辩护人，拒绝值班律师帮助的，签署具结书时，应当通知值班律师到场见证，并在具结书上注明。值班律师对人民检察院量刑建议、程序适用有异议的，检察官应当听取其意见，告知其确认犯罪嫌疑人认罪认罚的自愿性后应当在具结书上签字。 **未成年**犯罪嫌疑人签署具结书时，**其法定代理人应当到场并签字确认**。法定代理人无法到场的，合适成年人应当到场签字确认。 **第二十九条**：人民检察院提起公诉后开庭前，被告人自愿认罪认罚的，人民检察院可以组织听取意见。**达成一致的，被告人应当在辩护人或者值班律师在场的情况下签署认罪认罚具结书**。

续表

	第三十条：对于认罪认罚案件，犯罪嫌疑人签署具结书后，没有新的事实和证据，且犯罪嫌疑人未反悔的，人民检察院不得撤销具结书、变更量刑建议。除发现犯罪嫌疑人认罪悔罪不真实、认罪认罚后又反悔或者不履行具结书中需要履行的赔偿损失、退赃退赔等情形外，不得提出加重犯罪嫌疑人刑罚的量刑建议。 第三十一条：人民检察院提出量刑建议，一般应当制作量刑建议书，与起诉书一并移送人民法院。对于案情简单、量刑情节简单，适用速裁程序的案件，也可以在起诉书中载明量刑建议。
量刑建议的调整	第三十二条：人民检察院调整量刑建议，可以制作量刑建议调整书移送人民法院。 第三十三条：开庭审理前或者休庭期间调整量刑建议的，应当重新听取被告人及其辩护人或者值班律师的意见。 适用速裁程序审理认罪认罚案件，需要调整量刑建议的，应当在庭前或者当庭作出调整。 第三十四条：被告人签署认罪认罚具结书后，庭审中反悔不再认罪认罚的，人民检察院应当了解反悔的原因，被告人明确不再认罪认罚的，人民检察院应当建议人民法院不再适用认罪认罚从宽制度，撤回从宽量刑建议，并建议法院在量刑时考虑相应情况。依法需要转为普通程序或者简易程序审理的，人民检察院应当向人民法院提出建议。 第三十五条：被告人认罪认罚而庭审中辩护人作无罪辩护的，人民检察院应当核实被告人认罪认罚的真实性、自愿性。被告人仍然认罪认罚的，可以继续适用认罪认罚从宽制度，被告人反悔不再认罪认罚的，按本意见第三十四条的规定处理。
量刑监督	第三十七条：人民法院违反刑事诉讼法第二百零一条第二款规定，未告知人民检察院调整量刑建议而直接作出判决的，人民检察院一般应当以违反法定程序为由依法提出抗诉。 第三十八条：认罪认罚案件审理中，人民法院认为量刑建议明显不当建议人民检察院调整，人民检察院不予调整或者调整后人民法院不予采纳，人民检察院认为判决、裁定量刑确有错误的，应当依法提出抗诉，或者根据案件情况，通过提出检察建议或者发出纠正违法通知书等进行监督。 第三十九条：认罪认罚案件中，人民法院采纳人民检察院提出的量刑建议作出判决、裁定，被告人仅以量刑过重为由提出上诉，因被告人反悔不再认罪认罚致从宽量刑明显不当的，人民检察院应当依法提出抗诉。

四、不起诉

种类	法定不起诉/应当不起诉	《刑事诉讼法》第 16 条 + 无犯罪事实
	酌定不起诉/相对不起诉	犯罪嫌疑人的行为已经构成犯罪；犯罪情节轻微，依照刑法不需要判处刑罚或免除刑罚 。(预备、中止、从犯、胁从犯、避险过当、防卫过当、盲聋哑、在国外已处罚过、公诉案件和解)
	证据不足不起诉/存疑不起诉	①经过 1 次补充调查或补充侦查后，认为证据不足，且没有再次退回补充调查或补充侦查必要的，可以不起诉；②经过 2 次补充调查或补充侦查后，仍然证据不足，不符合起诉条件，应当不起诉。【注意】《高检规则》第 73 条第 1 款：人民检察院经审查认定存在非法取证行为的，对该证据应当予以排除，其他证据不能证明犯罪嫌疑人实施犯罪行为的，应当不批准或者决定逮捕。已经移送起诉的，可以依法将案件退回监察机关补充调查或者退回公安机关补充侦查，或者作出不起诉决定。被排除的非法证据应当随案移送，并写明为依法排除的非法证据。
	附条件不起诉	对于未成年人涉嫌刑法分则第四、五、六章规定的犯罪，可能判处 1 年有期徒刑以下刑罚，符合起诉条件，但有悔罪表现的，检察院可以作出附条件不起诉的决定。
	认罪认罚不起诉	犯罪嫌疑人自愿如实供述涉嫌犯罪的事实，有重大立功或者案件涉及国家重大利益的，经最高人民检察院核准，人民检察院可以作出不起诉决定，也可以对涉嫌数罪中的一项或者多项不起诉。(《刑事诉讼法》第 182 条)
程序	不起诉决定的程序	作出不起诉决定，必须经检察长批准后才能作出。【注意】人民检察院直接受理侦查的案件，以及监察机关移送起诉的案件，拟作不起诉决定的，应当报请上一级人民检察院批准。
	不起诉的宣告	必须是书面的，应当公开宣布，一经宣布即生效 。
	不起诉书的送达	①被不起诉人及其辩护人以及被不起诉人的所在单位 。②对于监察机关或者公安机关移送起诉的案件，人民检察院决定不起诉的，应当将不起诉决定书送达监察机关或者公安机关。③应当送达被害人或者其近亲属及其诉讼代理人。
	对被不起诉人和涉案财物的处理	①被不起诉人在押的，应当立即释放；被采取其他强制措施的，应当通知执行机关解除。②需要对侦查中扣押、冻结的财物解除查封、扣押、冻结的，应当书面通知解除。

续表

救济	（1）公安机关——向原决定机关复议，向上一级复核（针对公安机关移送起诉的案件）。 （2）对于监察机关移送起诉的案件，监察机关认为不起诉的决定有错误的，可以向 上一级 人民检察院提请复议。（《监察法》第 47 条第 4 款） （3）被害人——可以向上一级检察院申诉，对申诉不服的可以提起自诉。也可不经申诉直接自诉。 【注意】 附条件不起诉的被害人只可以向上一级人民检察院申诉，不能向法院起诉 。 （4）被不起诉人——对酌定不起诉向原机关申诉（收到决定书后 7 日以内）。

五、审查起诉阶段认罪认罚案件的办理

告知义务	《刑事诉讼法》第 173 条：犯罪嫌疑人认罪认罚的，人民检察院应当告知其享有的诉讼权利和认罪认罚的法律规定。 【实战贴士】《关于适用认罪认罚从宽制度的指导意见》第 29 条：人民检察院可以针对案件具体情况，探索证据开示制度，保障犯罪嫌疑人的知情权和认罪认罚的真实性及自愿性。
检察院的审查内容	＊《高检规则》第 271 条：审查起诉阶段，对于在侦查阶段认罪认罚的案件，人民检察院应当重点审查以下内容： （一）犯罪嫌疑人是否自愿认罪认罚，有无因受到暴力、威胁、引诱而违背意愿认罪认罚； （二）犯罪嫌疑人认罪认罚时的认知能力和精神状态是否正常； （三）犯罪嫌疑人是否理解认罪认罚的性质和可能导致的法律后果； （四）公安机关是否告知犯罪嫌疑人享有的诉讼权利，如实供述自己罪行可以从宽处理和认罪认罚的法律规定，并听取意见； （五）起诉意见书中是否写明犯罪嫌疑人认罪认罚情况； （六）犯罪嫌疑人是否真诚悔罪，是否向被害人赔礼道歉。 经审查，犯罪嫌疑人违背意愿认罪认罚的，人民检察院可以重新开展认罪认罚工作。存在刑讯逼供等非法取证行为的，依照法律规定处理。
应当听取意见并记录在案	《刑事诉讼法》第 173 条：犯罪嫌疑人认罪认罚的，人民检察院应当告知其享有的诉讼权利和认罪认罚的法律规定，听取犯罪嫌疑人、辩护人或者值班律师、被害人及其诉讼代理人对下列事项的意见，并记录在案： （一）涉嫌的犯罪事实、罪名及适用的法律规定； （二）从轻、减轻或者免除处罚等从宽处罚的建议； （三）认罪认罚后案件审理适用的程序； （四）其他需要听取意见的事项。 人民检察院依照前两款规定听取值班律师意见的，应当提前为值班律师了解案件有关情况提供必要的便利。

认罪认罚具结书的签署	*《高检规则》第272条：犯罪嫌疑人自愿认罪认罚，同意量刑建议和程序适用的，**应当在辩护人或者值班律师在场的情况下签署认罪认罚具结书**。具结书应当包括犯罪嫌疑人如实供述罪行、同意量刑建议和程序适用等内容，由犯罪嫌疑人及其辩护人、值班律师签名。犯罪嫌疑人认罪认罚，有下列情形之一的，**不需要签署认罪认罚具结书**： （一）犯罪嫌疑人是**盲、聋、哑人**，或者是**尚未完全丧失辨认或者控制自己行为能力的精神病人**的； （二）未成年犯罪嫌疑人的**法定代理人、辩护人对未成年人认罪认罚**有异议的； （三）其他不需要签署认罪认罚具结书的情形。 有前款情形，犯罪嫌疑人**未签署认罪认罚具结书的，不影响认罪认罚从宽制度的适用**。
检察院量刑建议是否要提？	(1) *《高检规则》第274条：**认罪认罚案件**，人民检察院向人民法院提起公诉的，**应当提出量刑建议**，在起诉书中写明被告人认罪认罚情况，并移送认罪认罚具结书等材料。**量刑建议可以另行制作文书，也可以在起诉书中写明**。 (2) *《高检规则》第275条：犯罪嫌疑人认罪认罚的，人民检察院**应当就主刑、附加刑、是否适用缓刑等提出量刑建议**。量刑建议一般应当为确定刑。对新类型、不常见犯罪案件，量刑情节复杂的重罪案件等，**也可以提出幅度刑量刑建议**。
被害人谅解的对从宽作用	*《高检规则》第276条：办理认罪认罚案件，人民检察院应当将犯罪嫌疑人是否与被害方达成和解或者调解协议，或者赔偿被害方损失，取得被害方谅解，或者自愿承担公益损害修复、赔偿责任，作为提出量刑建议的重要考虑因素。 犯罪嫌疑人自愿认罪并且愿意积极赔偿损失，但由于被害方赔偿请求**明显不合理**，未能达成和解或者调解协议的，**一般不影响对犯罪嫌疑人从宽处理**。 对于**符合当事人和解程序适用条件**的公诉案件，犯罪嫌疑人认罪认罚的，**人民检察院应当积极促使当事人自愿达成和解**。和解协议书和被害方出具的谅解意见应当随案移送。被害方符合司法救助条件的，人民检察院应当积极协调办理。
社会调查	*《高检规则》第277条：犯罪嫌疑人认罪认罚，人民检察院拟提出适用缓刑或者判处管制的量刑建议，**可以委托犯罪嫌疑人居住地的社区矫正机构进行调查评估，也可以自行调查评估**。
诉与不诉的处理结果	起诉：《刑事诉讼法》第176条：人民检察院认为犯罪嫌疑人的**犯罪事实已经查清**，证据确实、充分，依法应当追究刑事责任的，**应当作出起诉决定**，按照审判管辖的规定，向人民法院提起公诉，并将案卷材料、证据移送人民法院。犯罪嫌疑人认罪认罚的，人民检察院**应当就主刑、附加刑、是否适用缓刑等提出量刑建议**，并随案移送认罪认罚具结书等材料。 不起诉：依修订后的《高检规则》第279条：犯罪嫌疑人**自愿如实供述涉嫌犯罪的事实**，有重大立功或者案件涉及国家重大利益的，**经最高人民检察院核准**，公安机关**可以撤销案件**，人民检察院可以作出不起诉决定，也可以对涉嫌数罪中的一项或者多项不起诉。前款规定的不起诉，**应当由检察长决定**。决定不起诉的，人民检察院应当及时对查封、扣押、冻结的财物及其孳息作出处理。

续表

认罪认罚后反悔的处理	《关于适用认罪认罚从宽制度的指导意见》第52条：犯罪嫌疑人认罪认罚，签署认罪认罚具结书，在人民检察院提起公诉前反悔的，具结书失效，人民检察院应当在全面审查事实证据的基础上，依法提起公诉。依修订后的《高检规则》第278条：犯罪嫌疑人认罪认罚，人民检察院依照刑事诉讼法第一百七十七条第二款作出不起诉决定后，犯罪嫌疑人反悔的，人民检察院应当进行审查，并区分下列情形依法作出处理：	
	法定不起诉	（一）发现犯罪嫌疑人没有犯罪事实，或者符合刑事诉讼法第十六条规定的情形之一的，应当撤销原不起诉决定，依照刑事诉讼法第一百七十七条第一款的规定重新作出不起诉决定；
	酌定不起诉	（二）犯罪嫌疑人犯罪情节轻微，依照刑法不需要判处刑罚或者免除刑罚的，可以维持原不起诉决定；
	提起公诉	（三）排除认罪认罚因素后，符合起诉条件的，应当根据案件具体情况撤销原不起诉决定，依法提起公诉。

第十四章 审判概述

一、刑事审判原则

<table>
<tr><td rowspan="2">审判公开原则</td><td>含义</td><td colspan="2">人民法院审判案件，除法律另有规定的以外，一律公开进行。
【注意】无论如何，宣判一律公开，合议庭评议一律不公开。</td></tr>
<tr><td>例外</td><td colspan="2">国家秘密；个人隐私；被告人审判时是 未成年 的案件。

相对不公开　经当事人申请，确属涉及 商业秘密 的案件，可以不公开。</td></tr>
<tr><td rowspan="2">直接言词原则</td><td>含义</td><td colspan="2">指法官必须在法庭上亲自听取当事人、证人及其他诉讼参与人的口头陈述，案件事实和证据必须由控辩双方当庭口头提出并以口头辩论和质证的方式进行调查。它包括直接原则与言词原则。</td></tr>
<tr><td>要求</td><td colspan="2">（1）及时通知有关人员出庭。（2）开庭审理中，合议庭成员必须始终在庭，参加庭审的全过程。（3）所有证据都必须当庭出示与质证。证人不出庭只能是例外。（4）保证控辩双方有充分的陈述和辩论的机会和时间。</td></tr>
<tr><td rowspan="2">集中审理原则</td><td>含义</td><td colspan="2">又称不中断审理原则，指法院开庭审理案件，应在 不更换审判人员 的条件下连续进行，不得中断审理 的诉讼原则。</td></tr>
<tr><td>要求</td><td colspan="2">①每起案件 自始至终应由同一法庭 进行审判。②法庭成员 不可更换。③集中证据调查与法庭辩论。④庭审不中断并迅速作出裁判。
【注意】庭审结束后、评议前，部分合议庭成员 不能继续履行审判职责的，人民法院应当依法更换合议庭组成人员，重新开庭审理。</td></tr>
</table>

二、审判组织

<table>
<tr><td rowspan="2">独任庭</td><td colspan="2">基层法院 适用 简易程序、速裁程序 进行 第一审 的刑事案件，可以 由1名审判员 独任审判。</td></tr>
<tr><td colspan="2">【注意】①二审法院发回重审的案件不能独任，而应当另行组成合议庭。
②由原审法院再审的案件不能独任，而应当另行组成合议庭。</td></tr>
<tr><td rowspan="4">合议庭</td><td>一审</td><td>①基层、中级法院：3人（审判员）；3人或者7人（审判员 + 人民陪审员）；7人（审判员；审判员 + 人民陪审员）。
②高级法院：3、5、7人（审判员）；3、7人（审判员 + 人民陪审员）。
③最高法院：3、5、7人（审判员）。</td></tr>
<tr><td>二审</td><td>3、5人，只能由审判员组成。</td></tr>
<tr><td>死刑复核</td><td>3人，只能由审判员组成（包括死刑复核和死缓复核）。</td></tr>
<tr><td>发回重审、再审</td><td>应当另行组成合议庭（分别按照一审、二审程序组成）。</td></tr>
</table>

续表

审判委员会	讨论前提	只有当合议庭难以作出决定时，**才提请院长决定提交审委会讨论**。 【注意】独任审判的案件，审判员认为有必要的，**也可以提请院长决定提交审委会讨论决定**。人民陪审员可以要求合议庭将案件提请院长决定提交审委会讨论决定。
	讨论决定的案件范围	（1）对下列案件，合议庭**应当**提请院长决定提交审判委员会讨论决定： ①高级人民法院、中级人民法院拟判处**死刑立即执行**的案件，以及中级人民法院拟判处**死刑缓期执行**的案件； ②**本院已经发生法律效力的判决、裁定确有错误需要再审的案件**； ③人民检察院依照审判监督程序提出抗诉的案件。 （2）下列案件，合议庭认为难以作出决定的，可以提请院长决定提交审判委员会讨论决定：A. 合议庭成员意见有重大分歧的；B. 新类型案件；C. 社会影响重大的；D. 其他疑难、复杂、重大案件。 【注意】人民陪审员可以要求合议庭将案件提请院长决定是否提交审判委员会讨论决定。独任审判的案件，审判员认为有必要的，也可以提请院长决定提交审判委员会讨论决定。
	救济	审判委员会的决定，合议庭应当执行，合议庭有不同意见，可建议院长提交审委会复议。

三、人民陪审员制度

权利和义务		公民有依法担任人民陪审员的权利和义务。
		人民陪审员**除法律另有规定外**，同法官有同等权利。& 【解读】"除法律另有规定外"是指，**陪审员不能当审判长和独任审判案件**。
任职条件	应当具备条件	（一）拥护中华人民共和国宪法； （二）年满**二十八周岁**； （三）遵纪守法、品行良好、公道正派； （四）具有正常履行职责的身体条件。 担任人民陪审员，一般应当具有**高中以上**文化程度。
	禁止性条件	（一）**职业性禁止**： ①人民代表大会常务委员会的组成人员，监察委员会、人民法院、人民检察院、公安机关、国家安全机关、司法行政机关的工作人员；②律师、公证员、仲裁员、基层法律服务工作者；③其他因职务原因不适宜担任人民陪审员的人员。 【实战贴士】比旧法增加了监察委的工作人员、公证员、仲裁员、基层法律服务工作者不得担任人民陪审员。 （二）**违法犯罪性禁止**： ①受过刑事处罚的；②被开除公职的；③被吊销律师、公证员执业证书的；④被纳入失信被执行人名单的；⑤因受惩戒被免除人民陪审员职务的；⑥其他有严重违法违纪行为，可能影响司法公信的。 【实战贴士】比旧法增加了被吊销律师、公证员执业证书的人、失信人、因受惩戒被免除人民陪审员职务的人不得担任人民陪审员。

名额	确定机关		人民陪审员的名额，由基层人民法院根据审判案件的需要，提请同级人民代表大会常务委员会确定。
	具体数量		人民陪审员的名额数不低于本院法官数的三倍。
产生和任命	随机抽选	抽选候选人	司法行政机关会同基层人民法院、公安机关，从辖区内的常住居民名单中随机抽选拟任命人民陪审员数五倍以上的人员作为人民陪审员候选人，对人民陪审员候选人进行资格审查，征求候选人意见。
		任命陪审员	司法行政机关会同基层人民法院，从通过资格审查的人民陪审员候选人名单中随机抽选确定人民陪审员人选，由基层人民法院院长提请同级人民代表大会常务委员会任命。
	申请推荐	申请推荐	因审判活动需要，可以通过个人申请和所在单位、户籍所在地或者经常居住地的基层群众性自治组织、人民团体推荐的方式产生人民陪审员候选人，
		确定任命	经司法行政机关会同基层人民法院、公安机关进行资格审查，确定人民陪审员人选，由基层人民法院院长提请同级人民代表大会常务委员会任命。
		人数限制	依照申请推荐产生的人民陪审员，不得超过人民陪审员名额数的五分之一。

【实战贴士】 依新法，人民陪审员的产生方式包括随机抽选、个人申请和单位推荐，后者不得超过人民陪审员名额数的五分之一。

宣誓制度			人民陪审员经人民代表大会常务委员会任命后，应当公开进行就职宣誓。宣誓仪式由基层人民法院会同司法行政机关组织。
任期			人民陪审员的任期为五年，一般不得连任。**【实战贴士】** 注意一般，不是应当。
参加合议庭陪审	形式	三人庭	人民陪审员和法官组成合议庭审判案件，由法官担任审判长，可以组成三人合议庭。
		七人庭	也可以由法官三人与人民陪审员四人组成七人合议庭。 **【实战贴士】** 此条明确人民陪审员参加合议庭的两种形式：三人合议庭和七人合议庭，依据第十六条人民法院审判下列第一审案件，由人民陪审员和法官组成七人合议庭进行： ①可能判处十年以上有期徒刑、无期徒刑、死刑，社会影响重大的刑事案件； ②根据民事诉讼法、行政诉讼法提起的公益诉讼案件； ③涉及征地拆迁、生态环境保护、食品药品安全，社会影响重大的案件； ④其他社会影响重大的案件。

续表

	案件范围	人民法院审判第一审刑事、民事、行政案件，有下列情形之一的，由人民陪审员和法官组成合议庭进行： ①涉及群体利益、公共利益的；②人民群众广泛关注或者其他社会影响较大的；③案情复杂或者有其他情形，需要由人民陪审员参加审判的。法律规定由法官独任审理或者由法官组成合议庭审理的，从其规定。 【实战贴士】人民陪审员参审案件的上限，依据本法第24条：人民法院应当结合本辖区实际情况，合理确定每名人民陪审员年度参加审判案件的数量上限，并向社会公告。
	申请	第一审刑事案件被告人、民事案件原告或者被告、行政案件原告申请由人民陪审员参加合议庭审判的，人民法院可以决定由人民陪审员和法官组成合议庭审判。
	基院抽取	基层人民法院审判案件需要由人民陪审员参加合议庭审判的，应当在人民陪审员名单中随机抽取确定。中级人民法院、高级人民法院审判案件需要由人民陪审员参加合议庭审判的，在其辖区内的基层人民法院的人民陪审员名单中随机抽取确定。
参加审判规则	指引提示	审判长应当履行与案件审判相关的指引、提示义务，但不得妨碍人民陪审员对案件的独立判断。合议庭评议案件，审判长应当对本案中涉及的事实认定、证据规则、法律规定等事项及应当注意的问题，向人民陪审员进行必要的解释和说明。
	三人庭职权	人民陪审员参加三人合议庭审判案件，对事实认定、法律适用，独立发表意见，行使表决权。 【实战贴士】此条明确规定了三人合议庭中陪审员与法官"同权"。
	七人庭职权	人民陪审员参加七人合议庭审判案件，对事实认定，独立发表意见，并与法官共同表决；对法律适用，可以发表意见，但不参加表决。 【实战贴士】规定了七人合议庭中陪审员只对事实认定表决，不参加法律适用的表决。
	评议规则	合议庭评议案件，实行少数服从多数的原则。人民陪审员同合议庭其他组成人员意见分歧的，应当将其意见写入笔录。合议庭组成人员意见有重大分歧的，人民陪审员或者法官可以要求合议庭将案件提请院长决定是否提交审判委员会讨论决定。 【实战贴士】注意人民陪审员只能通过合议庭提请院长决定提交审判委员会，不能以个人名义提交审判委员会。
免职条件		人民陪审员有下列情形之一，经所在基层人民法院会同司法行政机关查证属实的，由院长提请同级人民代表大会常务委员会免除其人民陪审员职务： ①本人因正当理由申请辞去人民陪审员职务的；②具有本法第六条、第七条所列情形之一的；（职业性禁止、违法犯罪禁止）③无正当理由，拒绝参加审判活动，影响审判工作正常进行的；④违反与审判工作有关的法律及相关规定，徇私舞弊，造成错误裁判或者其他严重后果的。
		人民陪审员有前款第三项、第四项所列行为的，可以采取通知其所在单位、户籍所在地或者经常居住地的基层群众性自治组织、人民团体，在辖区范围内公开通报等措施进行惩戒；构成犯罪的，依法追究刑事责任。

第十五章　第一审程序

第一审程序流程图（公诉案件）

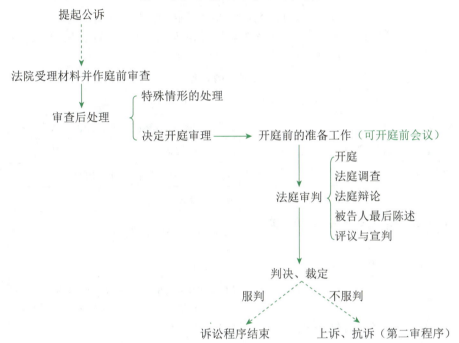

一、对公诉案件的庭前审查

内容	案卷材料与全部证据
方式	程序性审查
时间	对公诉案件是否受理，应当在**七日**内审查完毕。（《刑诉解释》第219条）

★★对公诉案件庭前审查后的处理

决定开庭审理	起诉书中 有明确的指控犯罪事实并且附有证据的，应当决定开庭审判。 【注意】法院对提起公诉的案件进行审查的期限 计入审理期限。		
	分案审理	对一案起诉的共同犯罪或者关联犯罪案件，被告人人数众多、案情复杂，人民法院经审查认为，分案审理更有利于保障庭审质量和效率的，可以分案审理。分案审理不得影响当事人质证权等诉讼权利的行使。	
	并案审理	对分案起诉的共同犯罪或者关联犯罪案件，人民法院经审查认为，合并审理更有利于查明案件事实、保障诉讼权利、准确定罪量刑的，可以并案审理。	

特殊情形的处理	
情形	处理方式
属于告诉才处理的案件	应当退回人民检察院，并告知被害人有权提起自诉。
不属于本院管辖或被告人不在案的	应退回检察院。
需要补充材料的	应当通知人民检察院在 3 日内补送。
有新证，再起诉	应当依法受理。
没有新的 影响定罪量刑 的事实、证据，撤诉后再起诉	应当退回人民检察院。
"刑诉法" 16 条第 2 项至第 6 项	应当退回人民检察院。
被告人真实身份不明，但符合起诉条件的	（1）庭前审查时：被告人真实身份不明，但符合起诉的事实清楚、证据充分的条件，应当依法受理，按照自报或者编号审判。 （2）庭前审查时：如事实不清、证据又不充分的且被告人身份又不明的情况应当退回人民检察院。

二、开庭前的准备

开庭 10 日前	将起诉书副本送达被告人和辩护人。
开庭 3 日前	1. 将开庭的时间、地点在开庭 3 日以前通知人民检察院；（必须派员出庭） 2. 至迟在开庭 3 日以前送达传唤当事人和其他诉讼参与人的传票和通知书。 3. 公开审判的案件，先期公布案由、被告人姓名、开庭时间和地点。

续表

庭前会议（2021修改）	参加主体	在开庭以前，审判人员可以召集公诉人、当事人和辩护人、诉讼代理人，对回避、出庭证人名单、非法证据排除等与审判相关的问题，了解情况，听取意见。 （1）庭前会议由审判长主持，合议庭其他审判员也可以主持庭前会议。 （2）召开庭前会议应当通知公诉人、辩护人到场。 （3）庭前会议准备就非法证据排除了解情况、听取意见，或者准备询问控辩双方对证据材料的意见的，应当通知被告人到场。有多名被告人的案件，可以根据情况确定参加庭前会议的被告人。
	会议方式	庭前会议一般不公开进行。根据案件情况，庭前会议可以采用视频等方式进行。
	可以召开的情形	案件具有下列情形之一的，人民法院可以召开庭前会议： 1. 证据材料较多、案情重大复杂的； 2. 控辩双方对事实、证据存在较大争议的； 3. 社会影响重大的； 4. 需要召开庭前会议的其他情形。 【注意】庭前会议针对的是程序问题。 【注意】控辩双方可以申请人民法院召开庭前会议，提出申请应当说明理由。人民法院经审查认为有必要的，应当召开庭前会议；决定不召开的，应当告知申请人。
	可以向控辩双方了解情况，听取意见	《刑诉解释》第228条第1、2、3款：庭前会议可以就下列事项向控辩双方了解情况，听取意见： （1）是否对案件管辖有异议； （2）是否申请有关人员回避； （3）是否申请不公开审理； （4）是否申请排除非法证据； （5）是否提供新的证据材料； （6）是否申请重新鉴定或者勘验； （7）是否申请收集、调取证明被告人无罪或者罪轻的证据材料； （8）是否申请证人、鉴定人、有专门知识的人、调查人员、侦查人员或者其他人员出庭，是否对出庭人员名单有异议； （9）是否对涉案财物的权属情况和人民检察院的处理建议有异议； （10）与审判相关的其他问题。 庭前会议中，人民法院可以开展附带民事调解。对第1款规定中可能导致庭审中断的程序性事项，人民法院可以在庭前会议后依法作出处理，并在庭审中说明处理决定和理由。控辩双方没有新的理由，在庭审中再次提出有关申请或者异议的，法庭可以在说明庭前会议情况和处理决定理由后，依法予以驳回。

续表

效力	（1）庭前会议中，审判人员可以询问控辩双方对证据材料有无异议，对有异议的证据，应当在庭审时重点调查；无异议的，庭审时举证、质证可以简化。
	（2）庭前会议中，人民法院可以开展附带民事调解。
	（3）人民法院在庭前会议中听取控辩双方对案件事实、证据材料的意见后，对明显事实不清、证据不足的案件，可以建议人民检察院补充材料或者撤回起诉。建议撤回起诉的案件，人民检察院不同意的，开庭审理后，没有新的事实和理由，一般不准许撤回起诉。
	（4）对召开庭前会议的案件，可以在开庭时告知庭前会议情况。对庭前会议中达成一致意见的事项，法庭在向控辩双方核实后，可以当庭予以确认；未达成一致意见的事项，法庭可以归纳控辩双方争议焦点，听取控辩双方意见，依法作出处理。控辩双方在庭前会议中就有关事项达成一致意见，在庭审中反悔的，除有正当理由外，法庭一般不再进行处理。
笔录	庭前会议情况应当制作笔录。

三、法庭审判（宣布开庭——法庭调查——法庭辩论——被告人最后陈述——评议与宣判）

开庭审理前	由**书记员**依次进行下列工作： ——①受审判长委托，查明公诉人、当事人、证人及其他诉讼参与人是否到庭； ——②*核实旁听人员中是否有证人、鉴定人、有专门知识的人； ——③请公诉人、辩护人、诉讼代理人及其他诉讼参与人入庭； *《刑诉解释》第224条：被害人**人数众多**，且案件**不属于附带民事诉讼范围**的，被害人可以推选若干代表人参加庭审。 ——④宣读法庭规则； ——⑤请审判长、审判员（人民陪审员）入庭； ——⑥审判人员就座后，当事人向审判长报告开庭前的准备工作已经就绪； ——⑦精神病人、醉酒的人、未经人民法院批准的未成年人以及其他不宜旁听的人不得旁听； ——⑧被害人、诉讼代理人经传唤或者通知未到庭，不影响开庭审理的； ——⑨辩护人经通知未到庭，被告人同意的，法院可以开庭审理，但被告人属于应当提供法律援助情形的除外。
宣布开庭	1. 由审判长查明公诉人、当事人和其他诉讼参与人是否到庭。 2. 审判长应当告知当事人、法定代理人依法享有的诉讼权利。（回避、辩护、代理、最后陈述等） 【注意】★新增《刑事诉讼法》第190条：被告人认罪认罚的，审判长应当告知被告人享有的诉讼权利和认罪认罚的法律规定，审查认罪认罚的自愿性和认罪认罚具结书内容的真实性、合法性。

续表

法庭调查	（1）**公诉人宣读起诉书**。（公诉人宣读起诉书后，审判长应当询问被告人对起诉书指控的犯罪事实和罪名有无异议。有附带民事诉讼的，公诉人宣读起诉书后，由附带民事诉讼原告人或者其法定代理、诉讼代理人宣读附带民事起诉状。） 【注意】《关于办理刑事案件严格排除非法证据若干问题的规定》第28条：公诉人**宣读起诉书后，法庭应当宣布**开庭审理前对证据收集合法性的审查及处理情况。
	（2）**被告人、被害人分别陈述。**
	（3）**讯问被告人、发问被告人、被害人或附带民事诉讼原告人、被告人。** 【注意1】根据案件情况，就证据问题对被告人的讯问、发问可以在举证、质证环节进行。 【注意2】讯问**同案审理**的被告人，应当**分别**进行。 【注意3】审理过程中，法庭认为有必要的，**可以传唤**同案被告人、分案审理的共同犯罪或者关联犯罪案件的被告人等**到庭对质**。
	（4）**询问证人、鉴定人**（证人出庭后，一般先向法庭陈述证言；其后，经审判长许可，**由申请通知证人出庭的一方发问**，发问完毕后，对方也可以发问。法庭依职权通知证人出庭的，发问顺序由审判长根据案件情况确定。） ①证人、鉴定人出庭作证 A. **证人应当出庭的条件**：控辩双方**对证人证言有异议**，且该证人证言**对案件定罪量刑有重大影响，**人民法院**认为证人有必要**出庭作证的。 **鉴定人应当出庭的条件**：控辩双方**对鉴定意见有异议**，人民法院**认为鉴定人有必要**出庭的。 B. **证人拒不出庭的后果**：经人民法院通知，证人没有正当理由不出庭作证的，人民法院**可以强制其到庭，**但是被告人的**配偶、父母、子女除外**。证人没有正当理由拒绝出庭或者出庭后拒绝作证的，**予以训诫**，情节严重的，经**院长**批准，处以**10日**以下的拘留。被处罚人对拘留决定不服的，可以向上一级人民法院申请复议。复议期间不停止执行。 **鉴定人拒不出庭**：经人民法院通知，鉴定人拒不出庭作证的，**鉴定意见不得作为定案的根据**。 ②**【调查人员、侦查人员或有关人员出庭】**控辩双方对侦破经过、证据来源、证据真实性或者合法性等有异议，申请调查人员、侦查人员或者有关人员出庭，人民法院认为有必要的，**应当通知调查人员、侦查人员或者有关人员出庭。** ③**【专家辅助人制度】**公诉人、当事人及其辩护人、诉讼代理人**申请法庭通知**有专门知识的人出庭，**就鉴定意见提出意见的，应当说明理由**。法庭认为有必要的，应当通知有专门知识的人出庭。 申请有专门知识的人出庭，**不得超过二人**。有**多种**类鉴定意见的，**可以相应增加人数**。 【注意】专门知识的人无须具有鉴定人资格；依据公诉人、当事人和辩护人、诉讼代理人的申请出庭，法院作出是否同意；只能对鉴定意见提出意见，不能对事实和法律提出看法；出具的意见不属于鉴定意见，人数不超过2人，有多种鉴定意见的，可以相应增加人数，专门知识人出庭，适用鉴定人规定（要回避），其出具的意见并非法定证据种类之一。

续表

	（5）出示物证、宣读鉴定意见和有关笔录 ①出示证据的一方就所出示的证据的来源、特征等作必要的说明。 ②举证方当庭出示证据后，由对方发表质证意见。 ③对可能影响定罪量刑的关键证据和控辩双方 存在争议的证据 ， 一般应当 单独举证、质证，充分听取质证意见。对控辩双方无异议的非关键证据，举证方可以仅就证据的名称及拟证明的事实作出说明。召开庭前会议的案件，举证、质证可以按照庭前会议确定的方式进行。 【注意】根据案件和庭审情况，法庭可以对控辩双方的举证、质证方式进行必要的指引。 ④公诉人申请出示开庭前未移送人民法院的证据，辩护方提出异议的，审判长应当要求公诉人说明理由；理由成立并确有出示必要的，应当准许。辩护方提出需要对新的证据作辩护准备的，法庭可以宣布休庭，并确定准备辩护的时间。

	（6） 调取新证据 。——（法院延期审理）	
	法庭审理过程中，控辩双方 申请通知新的证人到庭，调取新的证据，申请重新鉴定或者 勘验的 ，应当提供证人的基本信息、证据的存放地点，说明拟证明的事项，申请重新鉴定或者勘验的理由。 法庭认为有必要的，应当同意，并宣布休庭；根据案件情况，可以决定 延期审理 。	

	（7）补充侦查（审判阶段）。——（法院延期审理）	
检察院主动提出补充侦查	（1）检察人员发现提起公诉的案件需要补充侦查，提出延期审理建议的，合议庭可以同意。 （2）检察院将补充收集的证据移送法院的，法院应当通知辩护人、诉讼代理人查阅、摘抄、复制。	
法院建议补充侦查	（1）*《刑诉解释》第277条：审判期间，合议庭发现被告人可能有自首、坦白、立功等法定量刑情节，而人民检察院移送的案卷中没有相关证据材料的，应当通知人民检察院在指定时间内移送。审判期间，被告人提出新的立功线索的，人民法院可以建议人民检察院补充侦查。	
补侦主体	只能由检察院补侦，不能退回公安机关补侦，必要时可以由公安机关协助。	
期限次数	每次1个月，2次为限。	
补侦后果	人民检察院未将补充的证据材料移送人民法院的，人民法院 可以 根据在案证据作出判决、裁定。（不按人民检察院撤诉处理）	
期限计算	出现补充侦查的，审判期限应当重新计算。	

	（8）法庭调查核实证据 ①法庭对证据有疑问的，可以告知公诉人、当事人及其法定代理人、辩护人、诉讼代理人补充证据或者作出说明；必要时，可以宣布休庭，对证据进行调查核实。 ②人民法院调查核实证据，可以 进行勘验、检查、查封、扣押、鉴定和查询、冻结 。 ③对公诉人、当事人及其法定代理人、辩护人、诉讼代理人补充的和审判人员庭外调查核实取得的证据，应当经过当庭质证才能作为定案的根据。但是，对不影响定罪量刑的非关键证据、有利于被告人的量刑证据以及认定被告人有犯罪前科的裁判文书等证据，经庭外征求意见，控辩双方没有异议的除外。

法庭辩论	合议庭认为案件事实已经调查清楚的，应当由审判长宣布法庭调查结束，开始就 定罪、 量刑、涉案财物处理的事实、证据、适用法律 等问题进行法庭辩论。 （1）公诉人发表 公诉词。 （2）被害人及其诉讼代理人发言。 （3）被告人自行辩护。 （4）辩护人辩护。 （5）控辩双方进行辩论。 【注意】公诉人当庭发表与起诉书不同的意见，属于变更、追加、补充或者撤回起诉的，人民法院应当要求人民检察院在指定时间内以书面方式提出；必要时，可以宣布休庭。人民检察院在指定时间内未提出的，人民法院应当根据法庭审理情况，就起诉书指控的犯罪事实依法作出判决、裁定。人民检察院变更、追加、补充起诉的，人民法院应当给予被告人及其辩护人必要的准备时间。		
被告人最后陈述	（1）不可剥夺，不可替代、不可省略。 （2）被告人在最后陈述中多次重复自己的意见的，审判长可以制止。 （3）陈述内容蔑视法庭、公诉人，损害他人及社会公共利益，或者与本案无关的，应当制止。 （4）在公开审理的案件中，被告人最后陈述的内容涉及国家秘密、个人隐私或者商业秘密的，应当制止。 （5）被告人在最后陈述中提出新的事实、证据，合议庭认为可能影响正确裁判的，应当恢复法庭调查；被告人提出新的辩解理由，合议庭认为可能影响正确裁判的，应当恢复法庭辩论。		
评议与宣判	判决类型（《刑诉解释》第295条）	有罪判决	（1）事实清楚，证据确实、充分，依照法律认定被告人的罪名成立。
			（2）事实清楚，证据确实、充分，但指控的罪名不当的，应当依据法律和审理认定的罪名作出有罪判决。 【注意】法院应当在判决前听取控辩双方的意见，保障被告人、辩护人充分行使辩护权。必要时，可以重新开庭，组织控辩双方围绕被告人的行为构成何罪进行辩论。
		无罪判决	（3）事实清楚，证据确实、充分，依法认定被告人无罪的。
			（4）证据不足，不能认定被告人有罪的，应当以证据不足、指控的犯罪不能成立，判决宣告被告人无罪。 【注意】案件部分事实清楚，证据确实、充分的，应当作出有罪或者无罪的判决；对事实不清、证据不足部分，不予认定。
		不负刑事责任	（5）被告人因未达到刑事责任年龄，不予刑事处罚的，应当判决宣告被告人不负刑事责任； （6）被告人是精神病人，在不能辨认或者不能控制自己行为时造成危害结果，不予刑事处罚的，应当判决宣告被告人不负刑事责任；被告人符合强制医疗条件的，应当依照本解释第26章（强制医疗程序）的规定进行审理并作出判决。
	宣判	当庭宣判	在5日内送达判决书。
		定期宣判	立即送达判决书。

续表

一审审限 【2 + 1 + 3 + X】	（1）应当在受理后 2 个月以内宣判。 （2）至迟不得超过 3 个月。 （3）对于可能判处 死刑 的案件或者 附带民事诉讼 的案件，以及有《刑事诉讼法》第 158 条规定情形 之一的，经上一级人民法院批准，可以延长 3 个月。 （4）因特殊情况还需要延长的，报请 最高人民法院 批准。

四、一审中特殊问题的处理

一审中特殊问题的处理	法院发现新事实或需要补查补证的	审判期间，人民法院发现 新的事实 ，可能影响定罪量刑的，或者 需要补查补证的 ，应当通知人民检察院，由其决定是否补充、变更、追加起诉或者补充侦查。人民检察院不同意或者在指定时间内未回复书面意见的，人民法院应当就起诉指控的事实，依照《刑诉解释》第 295 条的规定作出判决、裁定。
	检察院追加起诉	检察院发现 漏人或者漏罪行 可以一并起诉和审理的， 可以追加、补充起诉 ；
	检察院变更起诉	检察院发现被告人的身份不符或者事实不符的，罪名、适用法律与起诉书认定不一致的，变更起诉。
	撤诉问题	宣告判决前，检察院要求撤诉的，须经法院审查。发现无罪的，准许撤诉；如果有罪，不允许撤诉。 【注意】公诉案件 在开庭后 撤诉（＊《刑诉解释》第 296 条，开庭前不审查） 自诉人要撤诉的，须经法院审查。经审查确实是自愿的，可以准许。 【注意】如果有新的事实、证据材料，可以再起诉。
	部分合议庭成员不能继续审理	＊《刑诉解释》第 301 条：（1）庭审结束后、评议前，部分合议庭成员不能继续履行审判职责的，人民法院应当依法更换合议庭组成人员，重新开庭审理。 （2）评议后、宣判前，部分合议庭成员因调动、退休等正常原因不能参加宣判，在不改变原评议结论的情况下，可以由审理本案的其他审判员宣判，裁判文书上仍署审理本案的合议庭成员的姓名。

五、审理中特殊情形的处理

裁定终止审理	《刑事诉讼法》第 16 条第 2 - 6 项。 【注意】属于告诉才处理的案件，应当裁定终止审理，并告知被害人有权提起自诉。 【注意】被告人死亡的，应当裁定终止审理；但有证据证明被告人无罪，经缺席审理确认无罪的，应当判决宣告被告人无罪。

续表

裁定中止审理	（1）被告人患有严重疾病，无法出庭的； （2）被告人脱逃的； （3）自诉人患有严重疾病，无法出庭，未委托诉讼代理人出庭的； （4）由于不能抗拒的原因。 【注意】中止审理的原因消失后，应当恢复审理。中止审理的期间不计入审理期限。
决定延期审理	（1）需要通知新的证人到庭，调取新的物证，重新鉴定或者勘验的。（时间继续算） （2）检察院要补充侦查，提出建议的。合议庭应当同意。（审限重新计算） （3）由于当事人申请回避而不能进行审判的。（时间继续算） 【注意】简易程序转为普通程序审理的案件，公诉人需为出席法庭进行准备的，可以建议人民法院延期审理。（从决定转化之日起重新计算）

六、法庭秩序

违反法庭秩序的情形	处理
（1）情节较轻的	情节较轻的，应当警告制止；根据具体情况，也可以进行训诫。
（2）训诫无效的	责令退出法庭；拒不退出的，指令法警强行带出法庭。
（3）情节严重的	经报请院长批准后，对行为人处 1000 元以下 的罚款或者 15 日以下 拘留。 【救济】该决定可以直接向上一级人民法院申请复议，也可以通过决定罚款、拘留的法院向上一级人民法院申请复议。复议期间，不停止决定的执行。
（4）构成犯罪的	应当依法追究刑事责任。
【注意】在押被告人出庭受审时，不着监管机构的识别服。庭审期间不得对被告人使用戒具，但法庭认为其人身危险性大，可能危害法庭安全的除外。	

七、自诉案件

自诉案件的范围	①告诉才处理的案件（侮辱、诽谤案；暴力干涉婚姻自由案；虐待案；侵占案）。 ②被害人有证据证明的轻微刑事案件（公诉和自诉交叉）。 ③公诉转自诉案件。
法院受理自诉案件的条件	（1）自诉人是本案的被害人。（被害人死亡、丧失行为能力或受强制威吓等无法告诉，或者限制行为能力人以及因年老、患病、盲、聋、哑等不能亲自告诉的除外） （2）属于自诉案件的受案范围。 （3）受诉人民法院有管辖权。 （4）有明确的被告人、具体的诉讼请求和能证明被告人犯罪事实的证据。

续表

证据调取	（1）＊《刑诉解释》第 325 条：自诉案件当事人因客观原因不能取得的证据，申请人民法院调取的，应当说明理由，并提供相关线索或者材料。人民法院认为有必要的，应当及时调取。 对通过信息网络实施的侮辱、诽谤行为，被害人向人民法院告诉，但提供证据确有困难的，人民法院可以要求公安机关提供协助。 （2）＊《刑诉解释》第 332 条：被告人在自诉案件审判期间下落不明的，人民法院可以裁定中止审理；符合条件的，可以对被告人依法决定逮捕。
自诉案件的审理特点	（1）可以适用简易程序。 （2）可以调解。【注意】公诉转自诉的案件不适用调解。 （3）可以反诉。【注意】公诉转自诉的案件不适用反诉。如果反诉是在二审提出的，则只能告知另行起诉。 （4）可以和解。所有自诉案件都可以和解。 （5）可以撤诉。三类案件都可以撤诉。 ①撤诉如果确属自愿的，应当准许；如果自诉人系被强迫、威吓等，应当不予准许。 ②自诉人经两次依法传唤，无正当理由拒不到庭的，或者未经法庭准许中途退庭的，人民法院应当决定按自诉人撤诉处理。 ③自诉人是二人以上，其中部分人撤诉的，不影响案件的继续审理。 （6）自诉案件的可分性： ①被告人的可分性。自诉人明知有其他共同侵害人，但只对部分侵害人提起自诉的，人民法院应当受理，并告知其放弃告诉的法律后果；自诉人放弃告诉，判决宣告后又对其他共同侵害人就同一事实提起自诉的，人民法院不予受理。 ②自诉人的可分性。共同被害人中只有部分人告诉的，人民法院应当通知其他被害人参加诉讼，并告知其不参加诉讼的法律后果。被通知人接到通知后表示不参加诉讼或者不出庭的，视为放弃告诉。第一审宣判后，被通知人就同一事实又提起自诉的，人民法院不予受理。但是，当事人另行提起民事诉讼的，不受本解释限制。 （7）审理期限比较特殊 ①适用普通程序审理的被告人未被羁押的自诉案件，应当在立案后6个月内宣判。 ②如果被告人被羁押的，审理期限与公诉案件的相同。2 + 1 + 3 + X

自诉案件 的撤诉	（1）＊《刑诉解释》第 320 条：具有下列情形之一的，**应当说服自诉人撤回起诉；自诉人** **不撤回起诉的，裁定不予受理：** （一）不属于本解释第一条规定的案件的； （二）缺乏罪证的； （三）犯罪已过追诉时效期限的； （四）被告人死亡的； （五）被告人下落不明的； （六）**除因证据不足而撤诉的以外，自诉人撤诉后，就同一事实又告诉的；** （七）经人民法院调解结案后，自诉人反悔，就同一事实再行告诉的； （八）属于本解释第一条第二项规定的案件，公安机关**正在立案侦查**或者人民检察院**正在审** 查起诉的； （九）不服人民检察院对未成年犯罪嫌疑人作出的**附条件不起诉**决定或者附条件不起诉考验 期满后作出的不起诉决定，向人民法院起诉的。 （2）＊《刑诉解释》第 321 条：对已经立案，经审查缺乏罪证的自诉案件，**自诉人提不出补** **充证据的，**人民法院应当说服其撤回起诉或者裁定驳回起诉；自诉人撤回起诉或者被驳回起 诉后，又提出了新的足以证明被告人有罪的证据，再次提起自诉的，人民法院应当受理。 （3）＊《刑诉解释》第 322 条：自诉人对**不予受理或者驳回起诉的裁定**不服的，**可以提起** **上诉。** 第二审人民法院查明第一审人民法院作出的**不予受理裁定有错误的，**应当在撤销原裁定的 同时，指令第一审人民法院立案受理；查明第一审人民法院驳回起诉裁定有错误的，应当 在撤销原裁定的同时，指令第一审人民法院**进行审理。**
二审自诉 的处理	（1）＊《刑诉解释》第 411 条：对第二审自诉案件，**必要时可以调解，**当事人也可以自行和 解。调解结案的，应当制作调解书，第一审判决、裁定视为**自动撤销。**当事人自行和解的， 依照本解释第三百二十九条的规定处理；**裁定准许撤回自诉的，应当撤销第一审判决、裁定。** （2）＊《刑诉解释》第 412 条：第二审期间，自诉案件的当事人提出反诉的，**应当告知其** **另行起诉。**

八、认罪认罚案件的审理

含义	认罪	是指犯罪嫌疑人、被告人自愿如实供述自己的罪行，对指控的犯罪事实没有异议。
	认罚	是指犯罪嫌疑人、被告人真诚悔罪，愿意接受处罚。
	从宽	包括在程序上从简、实体上从宽处理。 （1）对认罪认罚案件，人民法院 一般应当对被告人从轻处罚 ；符合非监禁刑适用条 件的，应当适用非监禁刑；具有法定减轻处罚情节的，可以减轻处罚。 （2）对认罪认罚案件，应当根据被告人认罪认罚的阶段早晚以及认罪认罚的主动性、 稳定性、彻底性等，在从宽幅度上体现差异。 （3）共同犯罪案件，部分被告人认罪认罚的，可以依法对该部分被告人从宽处罚， 但应当注意全案的量刑平衡。
程序适用		对认罪认罚案件，应当根据案件情况，依法适用速裁程序、简易程序或者普通程序审理。

续表

审查内容		对认罪认罚案件，法庭审理时应当告知被告人享有的诉讼权利和认罪认罚的法律规定，审查认罪认罚的自愿性和认罪认罚具结书内容的真实性、合法性。
判决	定罪	对认罪认罚案件，人民检察院起诉指控的事实清楚，但指控的罪名与审理认定的罪名不一致的，人民法院应当听取人民检察院、被告人及其辩护人对审理认定罪名的意见，依法作出判决。
	量刑	对认罪认罚案件，人民法院经审理认为量刑建议明显不当，或者被告人、辩护人对量刑建议提出异议的，人民检察院可以调整量刑建议。人民检察院不调整或者调整后仍然明显不当的，人民法院应当依法作出判决。 【注意】适用速裁程序审理认罪认罚案件，需要调整量刑建议的，应当在庭前或者当庭作出调整；调整量刑建议后，仍然符合速裁程序适用条件的，继续适用速裁程序审理。 【注意】对量刑建议是否明显不当，应当根据审理认定的犯罪事实、认罪认罚的具体情况， 结合相关犯罪的法定刑、类似案件的刑罚适用等作出审查判断。
不同审判阶段认罪认罚的处理	提起公诉前未认罪认罚，在审判阶段认罪认罚的	人民法院可以不再通知人民检察院提出或者调整量刑建议。 【注意】对前款规定的案件，人民法院应当就定罪量刑听取控辩双方意见，根据《刑事诉讼法》第 15 条和《刑诉解释》第 355 条的规定作出判决。
	一审阶段未认罪认罚，在二审中认罪认罚的	应当根据其认罪认罚的具体情况决定是否从宽，并依法作出裁判。确定从宽幅度时应当与第一审程序认罪认罚有所区别。
审理过程中反悔的		人民法院应当根据审理查明的事实，依法作出裁判。需要转换程序的，依照本解释的相关规定处理。

九、简易程序

适用范围	积极范围	基层法院管辖的案件，同时符合下列条件的，人民法院可以适用简易程序审判： （1）案件事实清楚、证据充分的； （2）被告人认罪； （3）被告人对适用简易程序没有异议的。 【注意】＊《刑诉解释》第 566 条 对未成年人刑事案件，法院决定适用简易程序审理的，应当征求未成年被告人及其法定代理人、辩护人的意见。上述人员提出异议的，不适用简易程序。 【实战贴士】①证据足、事实清、同意简易和认罪；②检察院只有建议权，被告人及其辩护人有申请权；但必须经法院、被告人同意。

续表

	消极范围	①被告人是 盲、聋、哑 人的； ②被告人是 尚未完全丧失辨认或者控制自己行为能力的精神病人的 ； ③案件有 重大社会影响 的； ④共同犯罪案件中 部分被告人不认罪或者对适用简易程序有异议的 ； ⑤辩护人作 无罪辩护 的； ⑥被告人认罪但经审查认为 可能不构成犯罪 的； ⑦不宜适用简易程序审理的 其他 情形。
审理特点		（1）只适用于 一审、基层 法院。 【注意】＊《刑诉解释》第359条：基层人民法院受理公诉案件后，经审查认为案件**事实清楚、证据充分**的，在将起诉书副本送达被告人时（开庭时还要确认是否同意？），**应当询问**被告人对指控的犯罪事实的意见，告知其适用简易程序的法律规定。被告人对指控的犯罪事实没有异议并同意适用简易程序的，**可以决定适用简易程序**，并在开庭前**通知人民检察院和辩护人**。 对人民检察院建议或者 被告人及其辩护人申请 适用简易程序审理的案件，依照前款规定处理；不符合简易程序适用条件的，应当通知人民检察院或者被告人及其辩护人。 （2）简易程序既可以由检察院在提起公诉时建议适用；也可以被告人及其辩护人 申请适用 ；还可以由法院自己决定适用。 （3）审判组织特殊。（3年以下可以独任 ，可以合议庭。但是 3年以上必须合议庭 ） （4）适用简易程序审理案件，被告人 有辩护人的，应当通知其出庭 。 （5）法庭审理程序简便。（但在判决宣告前 应当听取被告人的最后陈述意见 ） （6）审理期限较短。（20天，3年以上的一个半月 ） （7）适用简易程序， 一般 应当当庭宣判。 （8）适用简易程序审理案件，裁判文书可以简化。依据《刑诉解释》第365条适用简易程序审理案件，可以对庭审作如下简化： （一）公诉人 可以摘要宣读起诉书； （二）公诉人、辩护人、审判人员对被告人的讯问、发问可以简化或者 省略 ； （三）对控辩双方无异议的证据，可以仅就证据的名称及所证明的事项作出说明；对控辩双方有异议或者法庭认为有必要调查核实的证据，应当出示，并进行质证； （四）控辩双方对与定罪量刑有关的事实、证据没有异议的，法庭审理可以直接围绕罪名确定和量刑问题进行。 适用简易程序审理案件，判决宣告前应当听取被告人的最后陈述。

续表

简易程序 向普通程 序转化		1. 转化的法定事由 （1）被告人的行为可能不构成犯罪的； （2）被告人可能不负刑事责任的； （3）被告人当庭对起诉指控的犯罪事实予以否认的； （4）案件事实不清、证据不足的； （5）不应当或者不宜适用简易程序的其他情形。 2. 审理期限的重新计算：决定转为普通程序审理的案件，审理期限应当从作出决定之日起计算。 3. 转化后的程序要求：转为普通程序审理的案件，公诉人需要为出席法庭进行准备的，可以建议法院延期审理。

十、刑事速裁程序

适用条件	积极条件	基层人民法院管辖的可能判处三年有期徒刑以下刑罚的案件，案件事实清楚，证据确实、充分，被告人认罪认罚并同意适用速裁程序的，可以适用速裁程序，由审判员一人独任审判。 人民检察院在提起公诉的时候，可以建议人民法院适用速裁程序。
	消极条件	有下列情形之一的，不适用速裁程序： （1）被告人是盲、聋、哑人； （2）被告人是尚未完全丧失辨认或者控制自己行为能力的精神病人的； （3）被告人是未成年人的； （4）案件有重大社会影响的； （5）共同犯罪案件中部分被告人对指控的犯罪事实、罪名、量刑建议或者适用速裁程序有异议的； （6）被告人与被害人或者其法定代理人没有就附带民事诉讼赔偿等事项达成调解或者和解协议的； （7）辩护人作无罪辩护的； （8）其他不宜适用速裁程序的情形。
速裁程序 的特点		（1）只适用于第一审程序； （2）只适用于基层法院； （3）速裁程序既可以由检察院建议适用；也可以由法院自己决定适用；被告人及其辩护人可以向法院提出适用速裁程序的申请； （4）速裁程序实行独任审判； （5）审理期限较短。适用速裁程序审理案件，人民法院应当在受理后10日以内审结；对可能判处的有期徒刑超过1年的，可以延长至15日。

速裁程序的审理	（1）适用速裁程序审理案件，**一般不进行法庭调查、法庭辩论**，但在**判决宣告前应当听取辩护人的意见和被告人的最后陈述意见。** （2）适用速裁程序审理的案件，人民检察院 应当派员出席 法庭。 （3）适用速裁程序审理案件，可以 集中开庭，逐案审理 。公诉人简要宣读起诉书后，审判人员应当当庭询问被告人对指控事实、证据、量刑建议以及适用速裁程序的意见，核实具结书签署的自愿性、真实性、合法性，并核实附带民事诉讼赔偿等情况。 （4）适用速裁程序审理案件， 应当当庭宣判 。裁判文书可以简化。
程序转化	适用速裁程序审理案件，在法庭审理过程中，具有下列情形之一的，应当转为普通程序或者简易程序审理： （1）被告人的行为可能不构成犯罪或者不应当追究刑事责任的； （2）被告人违背意愿认罪认罚的； （3）被告人否认指控的犯罪事实的； （4）案件疑难、复杂或者对适用法律有重大争议的； （5）其他不宜适用速裁程序的情形。 【注意】决定转为普通程序或者简易程序审理的案件，审理期限应当从作出决定之日起计算。
二审发回重审的处理	《关于适用认罪认罚从宽制度的指导意见》第45条：被告人不服适用速裁程序作出的第一审判决提出上诉的案件，**可以不开庭审理**。第二审人民法院审查后，按照下列情形分别处理： （一）发现被告人以事实不清、证据不足为由提出上诉的，**应当裁定撤销原判**，发回原审人民法院适用普通程序重新审理，**不再按认罪认罚案件从宽处罚；** （二）发现被告人以量刑不当为由提出上诉的，原判量刑适当的，应当裁定驳回上诉，维持原判；原判量刑不当的，经审理后依法改判。

十一、速裁程序和简易程序的异同点

内容	相同点	不同点
速裁程序和简易程序	1. 都是基层法院审理。 2. 都是一审程序。 3. 都需要被告人自愿认罪。 4. 都需要被告人同意适用。 5. 都可以由一名法官独任审判。 6. 检察院都只有建议适用此程序权利。 7. 被告人最后陈述权不能省略。 8. 公诉案件检察院都应当派员出庭。	1. 未成年可以适用简易程序；但未成年不能适用速裁程序，另案件疑难、复杂或者对适用法律有重大争议，不能适用速裁程序。 2. 简易程序适用于所有有期徒刑及其以下刑罚；而速裁程序只适用于可能判3年以下有期徒刑及其以下刑罚。 3. 简易程序需要被告人认罪，不一定认罚；而速裁程序及需要被告人认罪又要认罚。 4. 简易程序及可以合议也可以独任；而速裁程序只能由一名法官独任。 5. 简易程序对被告人的讯问、发问可以简化或者省略，只是简化，不能省略法庭调查和辩论；而速裁程序可以省略法庭调查和辩论。 6. 简易程序是一般当庭宣判；而速裁程序是应当当庭宣判。 7. 简易程序审理期限是20日，超过3年的可以延长至一个半月；速裁程序审限是法院受理后10日审结；可能判超过1年的，可以延长至15日。 8. 简转成普通程序的理由："不构罪，不追责，不承认，不清楚、辩无罪"；速裁的理由："不构罪，不追责，不承认，不情愿、辩无罪"。 9. 简易判决宣告前，应当听取被告人的最后陈述；速裁判决前，应当听取辩护人的意见和被告人的最后陈述。

十二、单位犯罪案件的审理程序

管辖	由犯罪地法院管辖。如被告单位住所地的法院管辖更为适宜的，可以由被告单位住所地管辖。
诉讼代表人选	*《刑诉解释》第336条：（1）被告单位的诉讼代表人，应当是法定代表人、实际控制人或主要负责人； （2）法定代表人、实际控制人或者主要负责人被指控为单位犯罪直接负责的主管人员或者因客观原因无法出庭的，应当由被告单位委托其他责任人或者职工作为诉讼代表人。但是，有关人员被指控为单位犯罪的其他直接责任人员或知道案件情况、负有作证义务的除外； （3）依据前款规定难以确定诉讼代表人的，可以由被告单位委托律师等单位以外的人员作为诉讼代表人。 诉讼代表人不得同时担任被告单位或者被指控为单位犯罪直接责任人员的有关人员的辩护人。

诉讼代表人出庭	＊《刑诉解释》第 337 条：开庭审理单位犯罪案件，应当通知被告单位的诉讼代表人出庭；诉讼代表人不符合前条规定的，**应当要求人民检察院确定**。被告单位的诉讼代表人不出庭的，应当按照下列情形分别处理： ——①诉讼代表人系被告单位的法定代表人、实际控制人或者主要负责人，**无正当理由拒不出庭的**，可以拘传其到庭；因客观原因无法出庭，或者下落不明的，应当要求人民检察院另行确定诉讼代表人； ——②诉讼代表人系被告单位的其他人员的，应当要求人民检察院另行确定诉讼代表人出庭。
补充起诉及财产处理	(1) ＊《刑诉解释》第 340 条：对应当认定为单位犯罪的案件，检察院只作为自然人犯罪起诉的，法院应当建议检察院对犯罪单位追加起诉。检察院仍以自然人犯罪起诉的，法院应当依法审理，按照单位犯罪中的直接负责的主管人员或者其他直接责任人员追究刑事责任。 (2) ＊《刑诉解释》第 341 条：被告单位的违法所得及其他涉案财物，尚未被依法追缴或者查封、扣押、冻结的，人民法院**应当决定**追缴或者查封、扣押、冻结。 (3) ＊《刑诉解释》第 342 条：为保证判决的执行，人民法院可以先行查封、扣押、冻结被告单位的财产，或者由被告单位提出担保。 (4) ＊《刑诉解释》第 343 条：采取查封、扣押、冻结等措施，应当**严格依照法定程序进行**，最大限度降低对被告单位正常生产经营活动的影响。
被告单位变化后的处理	(1) ＊《刑诉解释》第 344 条：审判期间，被告单位被**吊销营业执照、宣告破产但尚未完成清算、注销登记的**，应当继续审理；被告单位被撤销、注销的，对单位犯罪直接负责的主管人员和其他直接责任人员应当继续审理。 (2) ＊《刑诉解释》第 345 条：审判期间，被告单位合并、分立的，应当将原单位列为被告单位，并注明合并、分立情况。对被告单位所判处的罚金以其在新单位的财产及收益为限。

第十六章　第二审程序

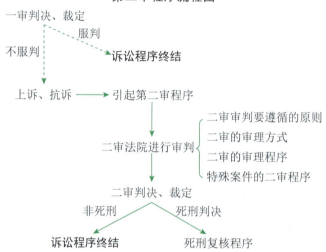

第二审程序流程图

上诉的主体	独立上诉主体	（1）被告人、自诉人及其法定代理人不服判决和准许撤回起诉、终止审理等裁定的，有权上诉。
		（2）附带民事诉讼的当事人及其法定代理人对一审法院的判决、裁定中的附带民事诉讼部分享有独立上诉权。
	非独立上诉主体	被告人的辩护人和近亲属，经被告人同意方可上诉。
抗诉的主体	一审法院的同级人民检察院。	
【注意】公诉案件被害人及其法定代理人没有上诉权，也没有抗诉权，只有请求检察院抗诉的权利（针对对象——判决；5天；5天）		

二、二审程序提起的理由

1. 上诉的理由	无需理由，只要不服一审判决即可。
2. 抗诉的理由	一审判决确有错误。

三、二审程序提起的形式与途径

上诉的形式与途径	（1）形式：书面或者口头。
	（2）途径：上诉状既可以提交原级法院、也可以提交上级法院。

续表

抗诉的形式与途径	(1) 抗诉的形式：必须以书面抗诉。 (2) 抗诉的途径：抗诉书只能提交原审法院。

【二审抗诉图】一审法院的 同级 人民检察院。

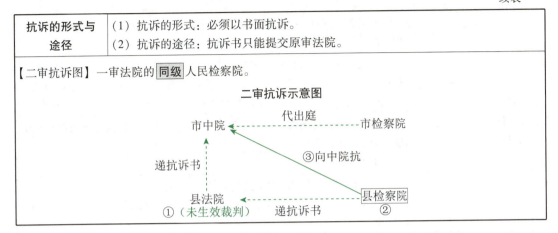

二审抗诉示意图

四、二审程序提起的期限与效力

二审的提起期限	(1) 判决 10 日 ，裁定 5 日 。
	(2) 对于附带民事诉讼的上诉、抗诉期限，应当按刑事部分的上诉、抗诉期限确定。附带民事部分另行审判的，上诉期限也应当按《刑事诉讼法》规定的期限确定。
二审提起的效力	(1) 上诉、抗诉都引起二审程序。(2) 上诉、抗诉都能使一审裁判不能马上生效。

五、上诉和抗诉的撤回

上诉的撤回	(1) 上诉期间内 要求撤回上诉的，人民法院 应当准许。
	【注意】是否提出上诉，以其在上诉期满前最后一次的意思表示为准。
	(2) 上诉期满后 要求撤回上诉的，应当由第二审人民法院进行审查。 A. 应当裁定准许——认为原判认定事实和适用法律正确，量刑适当的。 B. 应当裁定不予准许，继续按照上诉案件审理——认为原判确有错误的。 【注意】被判处死刑立即执行的被告人提出上诉，在第二审开庭后宣告裁判前申请撤回上诉的，应当不予准许，继续按照上诉案件审理。
抗诉的撤回	(1) 人民检察院在 抗诉期限内 要求撤回抗诉的，人民法院应当准许。
	(2) 人民检察院在 抗诉期满后 要求撤回抗诉的，第二审人民法院 可以 裁定准许，但是认为原判存在将无罪判为有罪、轻罪重判等情形的，应当不予准许，继续审理。 【注意】上级人民检察院认为下级人民检察院抗诉不当，向第二审人民法院要求撤回抗诉的，适用前两款规定。

【注意】① 期满前撤诉的 ，第一审判决、裁定在上诉、抗诉 期满之日 起生效；

② 期满后撤诉的 ，准许的，第一审判决、裁定应当自 第二审裁定书送达之日 起生效。

续表

上级对下级检察院抗诉支持	支持抗诉	上一级人民检察院对下级人民检察院按照第二审程序提出抗诉的案件，认为抗诉正确的，应当支持抗诉。（＊《高检规则》第 589 条）
	撤回抗诉	上一级人民检察院认为抗诉不当的，应当听取下级人民检察院的意见。听取意见后，仍然认为抗诉不当的，应当向同级人民法院撤回抗诉，并且通知下级人民检察院。（＊《高检规则》第 589 条）（先听意见，不是直接撤回）
	指令抗诉	上一级人民检察院在上诉、抗诉期限内，发现下级人民检察院应当提出抗诉而没有提出抗诉的案件，可以指令下级人民检察院依法提出抗诉。（＊《高检规则》第 589 条）
	变更补充抗诉	上一级人民检察院支持或者部分支持抗诉意见的，可以变更、补充抗诉理由，及时制作支持抗诉意见书，并通知提出抗诉的人民检察院。（＊《高检规则》第 589 条）

六、二审审判的原则

全面审查原则	不管有无上诉或抗诉	既要审查上诉或者抗诉的部分，又要审查没有上诉或者抗诉的部分。
	不管事实还是法律	既审查一审判决事实是否正确，证据是否确实、充分，又要审查法律有无错误。
	不管刑事还是民事	既要审查刑事诉讼部分，又要审查附带民事诉讼部分。
	不管实体还是程序	既要审查实体问题，又要审查程序问题。
	共犯不管上诉与否	(1) 共同犯罪案件：只有部分被告人提出上诉，或者自诉人只对部分被告人的判决提出上诉，或者人民检察院只对部分被告人的判决提出抗诉的，第二审法院应当对全案进行审查，一并处理。 (2) 共同犯罪案件：共同犯罪案件，上诉的被告人死亡，其他被告人未上诉的，第二审人民法院应当对死亡的被告人终止审理；但有证据证明被告人无罪，经缺席审理确认无罪的，应当判决宣告被告人无罪。具有前款规定的情形，第二审人民法院仍应对全案进行审查，对其他同案被告人作出判决、裁定。

续表

上诉不加刑原则	含义	审理被告人或者其法定代理人、辩护人、近亲属提出上诉的案件，不得对被告人的刑罚作出实质不利的改判。 【注意】一审判决后，被告人上诉，检察院或自诉人对刑事部分没有意见，但附带民事诉讼的原告人对附带民事部分的判决提起上诉，二审法院也不得加刑。
	具体要求	上诉不加刑的"刑"包括三方面内容：刑种、刑期、刑罚的执行方法。 审理被告人或者其法定代理人、辩护人、近亲属提出上诉的案件，不得对被告人的刑罚作出实质不利的改判，并应当执行下列规定： (1) 原判认定的罪名不当的，可以改变罪名，但不得加重刑罚或者对刑罚执行产生不利影响； (2) 原判认定的罪数不当的，可以改变罪数，并调整刑罚，但不得加重决定执行的刑罚或者对刑罚执行产生不利影响； (3) 原判对被告人宣告缓刑的，不得撤销缓刑或者延长缓刑考验期； (4) 原判对被告人判处死刑缓期执行没有限制减刑、决定终身监禁的，不得限制减刑、决定终身监禁； (5) 被告人或者其法定代理人、辩护人、近亲属提出上诉，人民检察院未提出抗诉的案件，第二审人民法院发回重新审判后，除有新的犯罪事实且人民检察院补充起诉的以外，原审人民法院不得加重被告人的刑罚。 【注意】对前款规定的案件，原审人民法院对上诉发回重新审判的案件依法作出判决后，人民检察院抗诉的，第二审人民法院不得改判为重于原审人民法院第一次判处的刑罚。 (6) 原判判处的刑罚不当、应当适用附加刑而没有适用的，不得直接加重刑罚、适用附加刑。原判判处的刑罚畸轻，必须依法改判的，应当在第二审判决、裁定生效后，依照审判监督程序重新审判； (7) 原判没有宣告职业禁止、禁止令的，不得增加宣告；原判宣告职业禁止、禁止令的，不得增加内容、延长期限。
	共犯问题	(1) 一并原则：同案审理的案件，只有部分被告人提出上诉的，既不能加重上诉人的刑罚，也不能加重其他同案被告人的刑罚。 (2) 分离原则：共同犯罪案件中，人民检察院只对部分被告人的判决提出抗诉，或者自诉人只对部分被告人的判决提出上诉的，第二审人民法院不得对其他同案被告人加重刑罚。

七、二审审理的方式与程序

二审的方式	应当开庭	下列案件，应当组成合议庭，开庭审理： (1) 对第一审认定的事实、证据提出异议，可能影响定罪量刑的； (2) 被告人被判处死刑的上诉案件； (3) 人民检察院抗诉的案件； (4) 应当开庭审理的其他案件。

续表

	地点	可以到案件发生地或者原审人民法院所在地进行。（也可在二审法院）
二审的审理程序	出庭	二审法院开庭审理的公诉案件，同级检察院都应派员出庭。
	阅卷	开庭审理二审公诉案件，应当在决定开庭审理后及时通知检察院查阅案卷。检察院应当在一个月以内查阅完毕。自通知后的第二日起，检察院查阅案卷的时间不计入审理期限。
二审的审限【2+2+X】		（1）应当在2个月以内审结。 （2）死刑的案件或者附带民事诉讼的案件，以及有《刑事诉讼法》158条规定情形之一的，经高级人民法院批准或者决定，可以延长2个月； （3）因特殊情况还需要延长的，报请最高人民法院批准。 【注意】最高人民法院受理上诉、抗诉案件的审理期限，由最高人民法院决定。

八、二审的审理结果

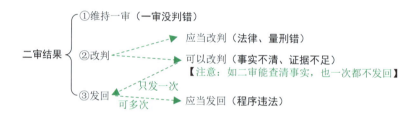

维持原判 裁定		（1）一审裁判没有任何错误，二审维持原判； （2）一审量刑过轻，但受上诉不加刑原则的限制，维持原判。
改判 判决	应当改判	原判决认定事实没有错误，但适用法律有错误或者量刑不当的，应当改判。
	可以改判	原判决事实不清楚或者证据不足的，可以在查清事实后改判。
发回重审 裁定	可以发回	原判决事实不清楚或者证据不足的，可以裁定撤销原判，发回原审人民法院重新审判。 【注意】此情形发回重审只能发回一次。
	应当发回	①违反公开审判的规定的； ②违反回避制度的； ③审判组织的组成不合法的； ④剥夺、限制了当事人的法定诉讼权利，可能影响公正审判的； ⑤其他违反法律规定的诉讼程序，可能影响公正审判的。

九、特殊案件的二审程序

特殊案件的二审程序	共同犯罪案件	①对同案审理案件中未上诉的被告人，未被申请出庭或者人民法院认为没有必要到庭的，可以不再传唤到庭。 ②同案审理的案件，未提出上诉、人民检察院也未对其判决提出抗诉的被告人要求出庭的，应当准许。出庭的被告人可以参加法庭调查和辩论。 ③共同犯罪案件，只有部分被告人提出上诉，或者自诉人只对部分被告人的判决提出上诉，或者人民检察院只对部分被告人的判决提出抗诉的，其他同案被告人也可以委托辩护人辩护。 ④【共犯的分案与并案处理问题】有多名被告人的案件，部分被告人的犯罪事实不清、证据不足或者有新的犯罪事实需要追诉，且有关犯罪与其他同案被告人没有关联的，第二审人民法院根据案件情况，可以对该部分被告人分案处理，将该部分被告人发回原审人民法院重新审判。原审人民法院重新作出判决后，被告人上诉或者人民检察院抗诉，其他被告人的案件尚未作出第二审判决、裁定的，第二审人民法院可以并案审理。
	自诉案件	①二审的反诉：二审反诉的，人民法院应当告知其另行起诉； ②二审的调解：可以进行调解，应当制作调解书，第一审判决、裁定视为自动撤销； ③二审的和解：自行和解的，由法院裁定准许撤回自诉，并撤销第一审判决或者裁定。
	附带民事诉讼	**分开生效** （1）只有刑事部分上诉的，第一审民事部分的判决，在上诉期满后即发生法律效力。 （2）只有附民上诉的，第一审刑事判决，在上诉期满后即发生法律效力。 【注意】应当送监执行的一审刑事被告人是二审附民被告人的，二审附带民事诉讼案件审结前，可以暂缓送监执行。
		全案审查 审理附带民事诉讼的上诉、抗诉案件，应当对全案进行审查。
		存在错误时的不同处理 （1）对刑事部分提出上诉、抗诉，附民已经发生效力的案件，如果发现民事部分确有错误，应当依照审判监督程序对附带民事部分予以纠正。 （2）对附民提出上诉、抗诉，刑事部分已经发生法律效力的案件，应当对全案进行审查，并按照下列情形分别处理： ①第一审判决的刑事部分并无不当的，只需就附带民事部分作出处理； ②第一审判决的刑事部分确有错误的，依照审判监督程序对刑事部分进行再审，并将附带民事部分与刑事部分一并审理。
		增加请求或者反诉 第二审期间，第一审附带民事诉讼原告人增加独立的诉讼请求或者第一审附带民事诉讼被告人提出反诉的，第二审人民法院可以根据自愿、合法的原则进行调解；调解不成的，告知当事人另行起诉。
		增加数额 调解，调解不成依法作出裁判。

十、对查封、扣押、冻结在案财物的处理

原则	随案移送、禁止私用、最终上缴	（1）检察院对查封、扣押、冻结的被告人财物及其孳息，应当根据不同情况作以下处理： ①对作为证据使用的实物，应当依法随案移送；对不宜移送的，应当将其清单、照片或者其他证明文件随案移送。 ②冻结在金融机构的违法所得及其他涉案财产，应当向法院随案移送该金融机构出具的证明文件，待人民法院作出生效判决、裁定后，由人民法院通知该金融机构上缴国库。 ③查封、扣押的涉案财产，对依法不移送的，应当随案移送清单、照片或者其他证明文件，待法院作出生效判决、裁定后，由人民检察院根据人民法院的通知上缴国库，并向人民法院送交执行回单。 （2）对于依照刑法规定应当追缴的违法所得及其他涉案财产，除依法返还被害人的财物以及依法销毁的违禁品外，必须一律上缴国库。 （3）被告人将依法应当追缴的涉案财物用于投资或者置业的，对因此形成的财产及其收益，应当追缴。被告人将依法应当追缴的涉案财物与其他合法财产共同用于投资或者置业的，对因此形成的财产中与涉案财物对应的份额及其收益，应当追缴。
例外	对被害人的合法财产	对被害人的合法财产，应当及时返还。（《刑事诉讼法》第245条）
	无关的财物	无关的财物要解除查封、扣押、冻结，并予以退还。（《刑事诉讼法》第145条） 【注意】被告人判处财产刑的，要移交人民法院执行刑罚
	不宜移送的在案财物之处理	①总的原则：用清单等文件作为代替品随案移送。 ②两类处理方式 A.　"良性资产"（上缴）：查封、扣押的涉案财产，依法不移送的，待人民法院作出生效判决、裁定后，由人民法院通知查封、扣押机关上缴国库，查封、扣押机关应当向人民法院送交执行回单；冻结在金融机构的违法所得及其他涉案财产，待人民法院作出生效判决、裁定后，由人民法院通知有关金融机构上缴国库，有关金融机构应当向人民法院送交执行回单。（《六机关规定》第36条） B.　"不良资产"（处理）：对违禁品或者不宜长期保存的物品，应当依照国家有关规定处理。

十一、在法定刑以下判处刑罚的核准程序

上报程序	一审不上诉、不抗诉的	一审被告人不上诉和抗诉的，在上诉、抗诉期满后 3 日内报请上一级人民法院复核。上一级法院同意原判的，应当 书面逐级报请 最高人民法院核准； 【考点提示】上一级人民法院不同意原判的，应当裁定发回重新审判或者按照二审程序提审。
	一审上诉、抗诉的	被告人上诉或者检察院抗诉的，应当依照第二审程序审理。第二审维持原判，或者改判后仍在法定刑以下判处刑罚的，应当 层报 最高人民法院核准。
最高法的处理结果		（1） 予以核准 ——认为原裁判正确的，裁定核准。
		（2） 不予核准 ——认为原裁判不正确的，裁定不予核准，应当撤销原判决、裁定，发回原审法院或者指定其他下级人民法院重新审判。
发回重审的程序		发回第二审人民法院重新审判的案件，第二审人民法院 可以直接改判 ；必须通过开庭查清事实、核实证据或者纠正原审程序违法的， 应当开庭审理 。

第十七章　死刑复核程序

死刑立即执行案件复核程序流程图（中级法院一审判死刑立即执行）

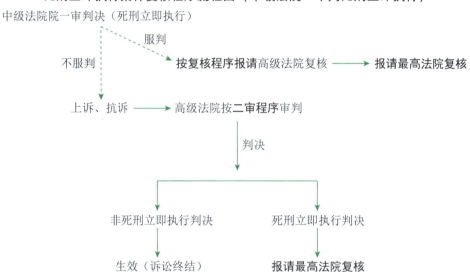

一、死刑立即执行的核准

核准权	最高人民法院		
报请程序	中院一审判死刑的	不上诉、抗诉的	**层层上报：** 上诉、抗诉期满10日以内报请高级法院复核。高级法院同意判处死刑的，应当在作出裁定后10日以内报请最高人民法院核准。 【注意】高级人民法院不同意判处死刑的，应当依照二审程序提审或者发回重新审判。
		上诉或抗诉的	①高级人民法院裁定维持原判的，应当在作出裁定后10日以内报请最高院核准； ②高级人民法院如果认为不应当判处死刑的，直接用二审改判，生效。

	中级法院一审判处死刑立即执行案件的后续程序流程图	
	中级法院一审判处死刑立即执行 → 不上诉、不抗诉（不能马上生效）→ 报请高级法院**复核** → 同意 → 报请最高法院复核 / 不同意 → 按二审提审或发回重审 上诉、抗诉（引起二审）→ 高级法院**二审** → 发回重审 / 维持**死刑判决** → 报请最高法院复核 / 改判为非死刑判决（二审终审，生效）	
高院一审判死刑的	不上诉、不抗诉的：在上诉、抗诉期满后 10 日以内报请最高院核准。	
复核程序	合议庭	审判员 3 人组成合议庭进行。
	全面审查	对**事实**认定、**法律**适用和诉讼**程序**进行**全面审查**。 【注意】共同犯罪案件中，部分被告人被判处死刑的，应当对全案进行审查，但不影响对其他被告人生效判决、裁定的执行；发现对其他被告人已经发生法律效力的判决、裁定确有错误时，可以指令原审人民法院再审。
	控辩双方的参与	最高人民法院复核死刑案件，应当讯问被告人。 辩护律师提出要求的，应当听取辩护律师的意见。 【注意】辩护律师要求当面反映意见的，应当在办公场所听取意见，并制作笔录，具备条件的法院还应当全程录音、录像。辩护律师提出书面意见的，应当附卷。 最高检可以向最高院提出意见。最高院应当将死刑复核结果通报最高检。
复核结果	裁定核准	（1）**直接核准**：原判认定事实和适用法律正确、量刑适当、诉讼程序合法的，应当裁定核准； （2）**纠正瑕疵后核准**：原判认定的某一具体事实或者引用的法律条款等存在瑕疵，但判处被告人死刑并无不当的，可以在纠正后作出核准的判决、裁定。
	应当裁定不予核准，发回重审	①原判事实不清、证据不足的；（事实错误） ②复核期间出现新的影响定罪量刑的事实、证据的；（出现新事实） ③原审违反法定诉讼程序，可能影响公正审判的，应当裁定不予核准，并撤销原判，发回重新审判。（程序错误）
	一般应当发回重审，必要时可依法改判	原判认定事实正确、证据充分，但依法不应当判处死刑的，应当裁定不予核准，并撤销原判，发回重新审判；根据案件情况，**必要时，也可以依法改判**。（量刑错误）

续表

发回重审	（1）最高院裁定不予核准死刑的，根据案件具体情况，可以发回第二审人民法院或者第一审人民法院重新审判。对最高人民法院发回第二审人民法院重新审判的案件，第二审人民法院一般不得发回第一审人民法院重新审判。（《刑诉解释》第 430 条第 1、2 款） ——①发回第一审人民法院重新审判的，都应当开庭审理。 ——②发回第二审人民法院重新审判的，必须通过开庭查清事实、核实证据或者纠正原审程序违法的，应当开庭审理。 （2）高级人民法院依照复核程序审理后报请最高人民法院核准死刑，最高院裁定不予核准，发回高级人民法院重新审判的，高级人民法院可以依照第二审程序提审或者发回重新审判。（《刑诉解释》第 431 条） （3）＊《刑诉解释》第 432 条：最高人民法院裁定不予核准死刑，发回重新审判的案件，原审人民法院（事实和程序错误）应当另行组成合议庭审理，但下列情况原审人民法院可以不另行组成合议庭： ——①因复核期间出现新的影响定罪量刑的事实、证据； ——②因原判认定事实正确，但依法不应当判处死刑，裁定不予核准，并撤销原判，发回重审。
最高法发回重审后又判死刑的，高级法审理后不得再发回重审	依照《刑诉解释》第 430 条、第 431 条发回重新审判的案件，第一审人民法院判处死刑、死刑缓期执行的，上一级人民法院依照第二审程序或者复核程序审理后，应当依法作出判决或者裁定，不得再发回重新审判。但是，第一审人民法院有《刑事诉讼法》第 238 条规定的情形（一审程序违法情形）或者违反《刑事诉讼法》第 239 条规定（二审法院发回重审而原审法院没有另行组成合议庭的情形）的除外。

二、死缓的复核

核准权	判处死刑缓期二年执行的案件，由高级人民法院核准。
报请程序	中院判处死刑缓期二年执行的第一审案件，被告人不上诉，人民检察院不抗诉的，在上诉、抗诉期满后，应当报请高级人民法院核准。
复核程序	（1）高级人民法院复核死缓的案件，应由审判员 3 人组成合议庭进行。 （2）高级人民法院复核或者核准死刑缓期二年执行案件，必须提审被告人。

复核结果	予以核准	① 直接核准 ：事实和适用法律正确、量刑适当、诉讼程序合法，应当裁定予以核准。 ② 纠正后核准 ：原判判处被告人死缓并无不当，但具体认定的某一事实或者引用的法律条款等存在瑕疵，可以在纠正后作出核准的判决或者裁定。
	发回重审或者改判	①原判事实不清、证据不足的，可以裁定不予核准，并撤销原判，发回重新审判，或者依法改判； ②复核期间出现新的影响定罪量刑的事实、证据的，可以裁定不予核准，并撤销原判，发回重新审判，或者审理后依法改判。
	依法改判	认为原判过重的，应当依法改判。 【注意】高院核准死缓案件，不得以提高审级等方式加重被告人的刑罚。
	发回重审	原审违反法定诉讼程序，可能影响公正审判的，应当裁定不予核准，并撤销原判，发回重新审判。

第十八章　审判监督程序

一、再审的申诉（提起审判监督程序的材料来源）

申诉主体	① 当事人 及其 法定代理人、近亲属 。 案外人 认为已经发生法律效力的判决、裁定侵害其合法权益，提出申诉的，人民法院应当审查处理。 【注意】申诉可以委托律师代为进行。（《刑诉解释》第451条）
申诉对象	已经发生法律效力的判决、裁定。
申诉效力	（1）申诉 不能停止 判决、裁定的执行；（2）申诉 不能直接引起 审判监督程序。
申诉时间	（1）一般而言， 刑罚执行完毕后2年内 提出申诉，符合条件的，法院应当受理 （2）以下特殊情形下， 超过2年 的， 应当受理 ： ①可能对原审被告人 宣告无罪 的； ②在 期限内向法院申诉，法院未受理 的； ③属于 疑难、复杂、重大 案件的。
申诉的受理	可由 人民法院 或者人民检察院受理申诉材料。
法院的审查处理	（1）审查处理原则： 申诉由终审人民法院审查处理 。但是，第二审人民法院 裁定准许撤回上诉 的案件，申诉人对第一审判决提出申诉的， 可以 由第一审人民法院审查处理，也可以由准许撤诉的二审法院审查处理。 （2）越级申诉：上一级法院对未经终审法院审查处理的申诉， 可以告知申诉人向终审人民法院提出申诉 ，或者 直接交终审人民法院审查处理 ，并告知申诉人；案件疑难、复杂、重大的，也可以直接审查处理。 （3）对未经终审人民法院及其上一级人民法院审查处理，直接向上级人民法院申诉的，上级人民法院 应当 告知申诉人向下级人民法院提出。 （4）指定审查：最高人民法院或者上级人民法院可以指定 终审人民法院以外 的人民法院对申诉进行审查。被指定的人民法院审查后，应当制作审查报告，提出处理意见，层报最高人民法院或者上级人民法院审查处理。 （5）对 死刑案件的申诉 ， 可以由原核准的人民法院直接审查处理 ，也可以 交由原审人民法院审查 。原审人民法院应当制作审查报告，提出处理意见， 层报原核准的人民法院审查处理 。

续表

审查时间	对立案审查的申诉案件，应当在 3 个月内 作出决定，至迟不得超过 6 个月。因案件疑难、复杂、重大或者其他特殊原因需要延长审查期限的，参照《刑诉解释》第 210 条的规定处理。	
审查后的处理	应当决定重新审判	经审查，具有下列情形之一的，应当根据《刑事诉讼法》第 253 条的规定，决定重新审判： ①有 新的证据 证明原判决、裁定认定的事实确有错误，可能影响定罪量刑的； ②据以定罪量刑的证据不确实、不充分、依法应当排除的； ③证明案件事实的主要证据之间存在矛盾的； ④主要事实依据被依法变更或者撤销的； ⑤认定罪名错误的； ⑥量刑明显不当的； ⑦对违法所得或者其他涉案财物的处理确有明显错误的； ⑧违反法律关于溯及力规定的； ⑨违反法定诉讼程序，可能影响公正裁判的； ⑩审判人员在审理该案件时有贪污受贿、徇私舞弊、枉法裁判行为的。（《刑诉解释》第 457 条第 2 款）
	驳回申诉	申诉不具有上述情形的，应当说服申诉人撤回申诉；对仍然坚持申诉的，应当书面通知驳回。 【注意】申诉人对驳回申诉不服的，可以向上一级人民法院申诉。上一级人民法院经审查认为申诉不符合《刑事诉讼法》第 253 条和《刑诉解释》第 457 条第 2 款规定的，应当说服申诉人撤回申诉；对仍然坚持申诉的，应当驳回或者通知不予重新审判。
检察院对申诉的受理	当事人及其法定代理人、近亲属认为法院已经发生法律效力的刑事判决、裁定确有错误，向检察院申诉的，由作出生效判决、裁定的人民法院的同级人民检察院依法办理。	
	上下级检察院对申诉的受理	①申诉主体直接向上级检察院申诉的，上级检察院 可以交由作出生效判决、裁定的法院的同级检察院 受理；案情重大、疑难、复杂的，上级检察院可以直接受理。 ②申诉主体对法院已经生效的判决、裁定提出申诉，经检察院复查决定不予 抗诉后继续提出申诉的，上一级检察院应当受理。 ③对不服人民法院已经发生法律效力的判决、裁定的申诉，经两级人民检察院办理且省级人民检察院已经复查的，如果没有新的证据，人民检察院不再复查，但原审被告人可能被宣告无罪或者判决、裁定有其他重大错误可能的除外。 【注意】地方各级人民检察院对不服同级人民法院已经发生法律效力的判决、裁定的申诉复查后，认为需要提出抗诉的，应当提请上一级人民检察院抗诉。

【总结】申诉与上诉的区别

不同点	申诉	上诉
对象不同	已经发生法律效力的判决、裁定	尚未发生法律效力的一审判决、裁定
提起主体不同	当事人及其法定代理人、近亲属	被告人、自诉人、附民诉讼当事人及其法定代理人、经被告人同意的被告人的辩护人及其近亲属
受理机关不同	人民法院及对应的人民检察院	是原审人民法院及其上一级人民法院
提起期限不同	一般在刑罚执行完毕后 2 年内	判决 10 日；裁定 5 日
后果不同	不停止生效判决、裁定的执行；不能必然引起审判监督程序	上诉必然导致一审判决、裁定不能生效；上诉必然会引起第二审程序

二、有权提起审判监督程序的主体

法院	本院院长 + 审判委员会	法院｛①作出生效裁判的法院院长及审委会（只针对本院生效判决）②最高人民法院、上级人民法院（有权提审或者指令下级再审）各级人民法院院长 对本院已经发生法律效力的判决和裁定，如果发现在认定事实上或在适用法律上确有错误，必须提交 审判委员会 处理。——决定本院来审。
	最高院、上级法院	最高人民法院 对各级法院已经发生法律效力的判决和裁定，上级法院 对下级法院已经发生法律效力的判决和裁定，如果发现确有错误，有权 提审 或者 指令下级法院再审。【注意】上级法院指令下级人民法院再审的，一般应当指令原审法院以外的下级法院审理；由原审法院审理更有利于查明案件事实、纠正裁判错误的，可以指令原审法院审理。
检察院		再审抗诉图 （1）市法院 ←提抗诉书① 市检察院 只上检对下法提再抗① 下提→ ②只能申请 （生效裁判）县法院　县检察院 （2）最高人民检察院、上级人民检察院 ----→ 向同级法院抗诉 最高人民检察院 对各级人民法院已经发生法律效力的判决和裁定，上级人民检察院 对 下级法院 已经发生法律效力的判决和裁定，如果发现确有错误，有权按照审判监督程序向同级人民法院提起抗诉。

【总结】再审抗诉与二审抗诉的区别

不同点	二审抗诉	再审抗诉
对象不同	地方各级法院尚未发生法律效力的一审裁判	已经发生法律效力的判决和裁定
有权抗诉机关不同	原审法院同级人民检察院	原审法院之上级人民检察院或最高检
接受抗诉机关不同	接受二审抗诉的是提出抗诉人民检察院的上一级法院	接受再审抗诉的是提出抗诉的人民检察院的同级人民法院
提起期限不同	二审抗诉有法定的期限	法律没有对再审抗诉的期限作规定
效力不同	必然导致第一审裁判不发生法律效力	再审抗诉不会停止原判决、裁定的执行

三、提起审判监督程序的理由

1. 原裁判在认定事实上的错误	包括事实不清和证据不确实、不充分两个方面。
2. 原裁判在适用法律上的错误	包括适用实体法即刑法的错误，也包括适用程序法即《刑事诉讼法》的错误。

四、再审的程序

审判组织	应当另行组成合议庭进行再审。原来审判该案的合议庭成员，应当回避。
适用审级	（1）原来是第一审案件，应当依照第一审程序进行审判，所作的判决、裁定，可以上诉、抗诉。 （2）原来是第二审案件，或者是上级法院提审的案件，应当依照第二审程序进行审判。所作的判决、裁定，是终审的判决、裁定，不可以上诉、抗诉。 【注意】对依照审判监督程序重新审判的案件，人民法院在依照第一审程序进行审判的过程中，发现原审被告人还有其他犯罪的，一般应当并案审理，但分案审理更为适宜的，可以分案审理。 【注意】符合《刑事诉讼法》第296条、第297条规定的，可以缺席审判。
再审决定书的制作	对决定依照审判监督程序重新审判的案件，人民法院应当制作再审决定书。（《刑诉解释》第464条）
再审效力	再审期间不停止原判决、裁定的执行，但被告人可能经再审改判无罪，或者可能经再审减轻原判刑罚而致刑期届满的，可以决定中止原判决、裁定的执行，必要时，可以对被告人采取取保候审、监视居住措施。（《刑诉解释》第464条）
指令重审	上级法院指令下级人民法院再审的，一般应当指令原审法院以外的下级法院审理；由原审法院审理更有利于查明案件事实、纠正裁判错误的，也可以指令原审法院审理。（《刑诉解释》第461条第2款）

续表

审理方式	应当开庭	(1) 依照 第一审 程序审理的。 (2) 依照第二审程序需要对 事实或者证据 进行审理的。 (3) 人民检察院按照审判监督程序提出 抗诉的 。 (4) 可能对原审被告人（原审上诉人） 加重刑罚 的。 (5) 有其他应当开庭审理情形的。
	可以缺席 审判	符合《刑事诉讼法》第 296 条、第 297 条规定的，可以缺席审判。 （《刑诉解释》第 466 条第 2 款）
中止审理与 终止审理		原审被告人 （原审上诉人）收到再审决定书或者抗诉书后 下落不明 或者收到抗诉书后 未到庭的 ，人民法院 应当中止审理 ；原审被告人（原审上诉人）到案后，恢复审理；如果 超过 2 年仍查无下落 的， 应当 裁定 终止审理 。
强制措施		① 法院决定再审 的案件，需要对被告人采取强制措施的，由 法院决定 。 ② 检察院提出抗诉 的再审案件，需要对被告人采取强制措施的，由 检察院决定 。
再审审限		应当在作出提审、再审决定之日起 3 个月以内审结 ，需要延长期限的， 不得超过 6 个月 。
再审不加刑		除人民检察院抗诉的以外，再审 一般不得 加重原审被告人的刑罚。再审决定书或者抗诉书只针对部分原审被告人的，不得加重其他同案原审被告人的刑罚。（《刑诉解释》第 469 条）

第十九章 执行程序

一、执行的主体

法律依据	（1）一审法院判决被告人无罪、免除刑事处罚，如被告人在押，**在宣判后应当立即释放**。 （2）由交付执行法院在判决生效后 10 日以内将有关的法律文书送达执行机关。
公安机关	（1）法律规定交付执行前余刑在 3 个月以下的，由看守所代为执行。 （2）拘役、剥夺政治权利的执行，以及驱逐出境罪犯的刑罚执行，由公安执行。
人民法院	罚金、没收财产、无罪、死刑立即执行、免除刑罚的判决的执行（**无罪免刑，要钱要命**）。
监狱	对于被判处死刑缓期二年执行、无期徒刑、有期徒刑罪犯，由公安机关送交监狱执行刑罚。

二、死刑立即执行判决的执行

执行命令的签发	由 最高人民法院院长 签发。
执行死刑的机关	第一审人民法院 。
执行死刑的程序	（1）由高院交付第一审法院执行。第一审法院接到死刑执行命令后，应当 7 日以内 执行。 【注意】在 死刑缓期执行期间故意犯罪 ，最高人民法院核准执行死刑的，由 罪犯 服刑地的中级人民法院 执行。 （2）死刑采用 枪决 或者 注射 等方法执行。采用注射方法执行死刑的，应当在指定的刑场或者羁押场所内执行。采用枪决、注射以外的 其他方法 执行死刑的，应当 事先层报最高院批准 。 （3）交付执行 3 日以前通知同级 人民检察院派员临场监督 。 （4）罪犯的最后会见权： ①第一审人民法院在执行死刑前， 应当告知罪犯有权会见其近亲属 。罪犯申请会见并提供具体联系方式的，人民法院应当通知其近亲属。确实无法与罪犯近亲属取得联系，或者其近亲属拒绝会见的，应当告知罪犯。罪犯申请通过录音录像等方式留下遗言的，人民法院可以准许。 ② 罪犯近亲属申请会见的，人民法院应当准许并及时安排，但罪犯拒绝会见的除外 。罪犯拒绝会见的，应当记录在案并及时告知其近亲属；必要时，应当录音录像。 ③罪犯申请会见未成年子女的，应当经未成年子女的监护人同意；会见可能影响未成年人身心健康的，人民法院可以通过视频方式安排会见，会见时监护人应当在场。 ④会见一般在罪犯羁押场所进行。

续表

	（5）[法院]的审判人员[现场指挥执行死刑]。在执行前需对罪犯验明正身，讯问有无遗言、信札，然后交付执行人员执行死刑。在执行前，如果发现可能有错误，应当暂停执行，报请最高人民法院裁定。[执行死刑应当公布，但不应当示众]。
	（6）执行死刑后，在场书记员应当写成笔录。

三、刑事裁判涉财产部分和附带民事裁判的执行

执行主体	刑事裁判涉财产部分和附带民事裁判[应当由人民法院执行的]，由[第一审法院]负责裁判执行的机构执行。被执行的财产在异地的，[可以委托财产所在地的同级法院]代为执行。	
刑事裁判涉财产部分的执行对象	刑事裁判涉财产部分的执行，是指发生法律效力的刑事裁判中下列判项的执行： （1）罚金、没收财产； （2）追缴、责令退赔违法所得； （3）处置随案移送的赃款赃物； （4）没收随案移送的供犯罪所用本人财物； （5）其他应当由人民法院执行的相关涉财产的判项。	
执行时间	罚金刑	罚金在判决规定的期限内一次或者分期缴纳。期满无故不缴纳或者未足额缴纳的，人民法院[应当强制缴纳]。经强制缴纳仍不能全部缴纳的，在任何时候，包括主刑执行完毕后，发现被执行人有可供执行的财产的，应当[追缴]。
	没收财产	判决生效后，法院应当[立即]执行。
执行措施	可先行[查封、扣押和冻结]（为防止没收财产判决执行前罪犯转移财产）	
执行要求	（1）判处没收财产的，应当执行[刑事裁判生效时被执行人合法所有的财产]。 （2）执行财产刑，应当参照被扶养人住所地政府公布的上年度当地居民最低生活费标准，[保留被执行人及其所扶养人的生活必需费用]。	
执行顺序	（1）被判处罚金或者没收财产，同时又承担附带民事诉讼赔偿责任的，[应先履行对被害人的民事赔偿责任]。 （2）判处财产刑之前被执行人所负[正当债务]，应当偿还的，经[债权人请求]，先行予以偿还。 （3）行政机关对被告人就同一事实已经处以罚款的，人民法院判处罚金时[应当折抵]，扣除行政处罚已执行的部分。	
执行方式	执行的财产应当全部上缴国库。	
执行异议	执行刑事裁判涉财产部分、附带民事裁判过程中，当事人、利害关系人认为执行行为违反法律规定，或者案外人对被执行标的书面提出异议的，人民法院应当审查并参照民事诉讼法的有关规定处理。	

续表

特殊情形的处理	财产刑被撤销	财产刑全部或部分被撤销的，已执行的财产应当全部或者部分 返还 被执行人；无法返还的， 财产刑被撤销 应当依法 赔偿 。
	罚金的减免	因遭遇不能抗拒的灾祸等原因缴纳罚金确有困难，被执行人申请延期缴纳、酌情减少或者免除罚金的，应当提交相关证明材料。人民法院应当在收到申请后一个月以内作出裁定。符合法定条件的，应当准许；不符合条件的，驳回申请。

四、执行的变更

（一）死刑、死缓执行的变更

<table>
<tr>
<td rowspan="7">死刑执行的变更</td>
<td rowspan="2">变更情形</td>
<td colspan="2">执行前，发现有下列情形之一的，应当 暂停执行 ，并 层报 最高人民法院：
（1）罪犯 可能有其他犯罪 的；
（2）共同犯罪的 其他犯罪嫌疑人到案，可能影响罪犯量刑 的；
（3）共同犯罪的 其他罪犯被暂停或者停止执行死刑，可能影响罪犯量刑 的；
（4）罪犯 揭发重大犯罪事实 或者 有其他重大立功表现，可能需要改判的 ；
（5）罪犯 怀孕 的；
（6）判决、裁定可能有影响定罪量刑的其他错误的。</td>
</tr>
<tr>
<td rowspan="5">变更的程序</td>
</tr>
<tr>
<td rowspan="2">发现错误</td>
<td>下级法院发现错误</td>
<td>（1）下级法院接到执行死刑命令后、执行前发现有上述情形的，应 暂停执行 死刑，并 立即层报最高院审批 。
（2）最高法经审查：
a. 认为 不影响 罪犯定罪量刑的，应当 决定 下级法院继续执行死刑；
b. 认为 可能影响罪犯定罪量刑的 ，应当 裁定 下级法院停止执行死刑。</td>
</tr>
<tr>
<td>最高院发现错误</td>
<td>最高院在执行死刑命令签发后、执行前，发现有法定停止执行情形的，应当立即 裁定 下级法院停止执行死刑，并将有关材料移交下级法院。</td>
</tr>
<tr>
<td>停止后的调查</td>
<td colspan="2">下级人民法院 接到 最高人民法院停止执行死刑的裁定后， 应当会同有关部门 调查核实停止执行死刑的事由，并及时将调查结果和意见 层报 最高人民法院审核。</td>
</tr>
<tr>
<td>最高法审查</td>
<td colspan="2">对下级人民法院报送的停止执行死刑的调查结果和意见，由 最高人民法院原作出核准死刑判决、裁定的合议庭负责审查，必要时，另行组成合议庭进行审查。</td>
</tr>
</table>

续表

死缓执行的变更	审查后的处理	依法改判	确认罪犯 正在怀孕 的，应当依法改判；
		发回重审	（1） 确有其他犯罪，依法应当追诉 的，应当裁定不予核准死刑，撤销原判，发回重新审判； （2） 确认原裁判 有错 或 有重大立功 表现 需改判 的，应裁定不予核准死刑，撤销原判发回重审。
		继续执行	确认原裁判 没有错误 ，罪犯 没有重大立功表现 ，或者 重大立功表现不影响 原裁判执行的，应当 裁定 继续执行原核准死刑的裁判，并由院长 重新签发 执行死刑的命令。
	减刑		（1） 在缓刑执行期间，如果没有故意犯罪，2 年期满以后，减为无期徒刑。 （2） 死缓犯在缓期执行期间，如果确有重大立功表现，2 年期满以后，减为 25 年有期徒刑。
	执行死刑		在死刑缓期执行期间，如果故意犯罪，情节恶劣的 ，查证属实，应当执行死刑。此种情况下在判决、裁定发生法律效力后，应当层报最高人民法院核准执行死刑。 【注意】对故意犯罪未执行死刑的，不再报高级人民法院核准，死刑缓期执行的期间重新计算，并层报最高人民法院备案。备案不影响判决、裁定的生效和执行。最高人民法院经备案审查，认为原判不予执行死刑错误，确需改判的，应当依照审判监督程序予以纠正。 【注意】由罪犯服刑监狱及时侦查，侦查终结后移送检察院审查起诉。经检察院提起公诉，服刑地的中院依法审判，所作的判决可以上诉、抗诉。认定构成故意犯罪的判决、裁定发生法律效力后，由作出生效判决、裁定的法院依法报请最高院核准死刑。核准后，交 罪犯服刑地的中级人民法院执行 。

（二） 暂予监外执行

对象	判处有 期徒刑或者拘役 的罪犯。（ 特殊情形下无期徒刑 也可以）	
条件（可以，而非应当）	有期徒刑或者拘役	（1） 有严重疾病需要保外就医 的。（省级人民政府指定的医院诊断并开具证明文件） （2） 怀孕或者正在哺乳自己婴儿的妇女 。 （3） 生活不能自理，适用暂予监外执行不致危害社会的 。 【注意】对于适用保外就医可能有社会危险性的罪犯，或者自伤自残的罪犯，不得保外就医。
	无期徒刑	怀孕或者正在哺乳自己婴儿的妇女 可以暂予监外执行。

程序	决定	交付执行前	在交付执行前，暂予监外执行由 交付执行的人民法院 决定。法院在作出暂予监外执行决定前，应当征求检察院的意见。 【注意】罪犯 在被交付执行前，因有严重疾病、怀孕或者正在哺乳自己婴儿的妇女、生活不能自理的原因，依法提出暂予监外执行的申请的，有关 病情诊断、妊娠检查和生活不能自理的鉴别 ，由 人民法院 负责组织进行。
		交付执行后	交付执行后，执行机关批准决定。具体而言： ① 监狱 提出 书面意见 —— 省级以上监狱管理机关 批准。 ② 看守所 提出 书面意见 —— 设区的市一级以上公安机关 批准。
	执行		对暂予监外执行的罪犯，依法实行社区矫正， 由居住地社区矫正机构 负责执行。 人民法院决定暂予监外执行的，由看守所或者执行取保候审、监视居住的公安机关自收到决定之日起 10 日以内将罪犯移送社区矫正机构。
	后果	收监	① 不符合暂予监外执行条件的 ； ② 未经批准离开所居住的市、县，经警告拒不改正，或者拒不报告行踪，脱离监管的 ； ③因违反监督管理规定 受到治安管理处罚，仍不改正 的； ④受到执行机关 两次警告，仍不改正 的； ⑤保外就医期间不 按规定提交病情复查情况，经警告拒不改正 的； ⑥ 暂予监外执行的情形消失后，刑期未满 的； ⑦ 保证人丧失保证条件或者因不履行义务被取消保证人资格，不能在规定期限内提出新的保证人的 ； ⑧违反法律、行政法规和监督管理规定，情节严重的其他情形。【注意】依法应当予以收监的，在 法院作出决定 后，由 公安机关 依法送交执行刑罚。
		特殊情形	① 不符合暂予监外执行条件 的罪犯 通过贿赂等非法手段 被暂予监外执行的，在监外执行的期间 不计入 执行刑期。罪犯在暂予监外执行期间 脱逃 的， 脱逃的期间不计入 执行刑期。 ②暂予监外执行过程中罪犯服刑期届满的，应当由原关押监狱等执行机关办理释放手续。 ③罪犯在暂予监外执行期间 死亡 ，负责执行的机关应及时通知 原关押监狱 或 其他执行机关 。

（三）减刑、假释

减刑	对象	被判处管制、拘役、有期徒刑或者无期徒刑的罪犯。
	管辖	（一）对被判处 死刑缓期执行 的罪犯的减刑，由 罪犯服刑地的高级人民法院 在收到 同级监狱管理机关审核同意的减刑建议书后一个月内 作出裁定； （二）对被判处 无期徒刑 的罪犯的减刑、假释，由 罪犯服刑地 的 高级人民法院 在收到同级监狱管理机关审核同意的减刑、假释建议书后一个月内作出裁定，案情复杂或者情况特殊的，可以延长一个月； （三）对被判处有期徒刑和减为有期徒刑的罪犯的减刑、假释，由罪犯服刑地的 中级人民法院 在收到 执行机关提出的减刑、假释建议书后一个月内作出裁定，案情复杂或者情况特殊的，可以延长一个月； （四）对被判处拘役、管制的罪犯的减刑，由罪犯服刑地 中级人民法院 在收到同级执行机关审核同意的减刑、假释建议书后一个月内作出裁定。
	程序	（1）对于被判处无期徒刑的罪犯的减刑，执行机关 应当提出经省、自治区、直辖市监狱管理机关审核同意的监狱减刑建议书 。 （2）对被判处有期徒刑（包括减为有期）、拘役、管制的罪犯的减刑，执行机关 应当提出减刑建议书 。 （3）人民法院审理减刑、假释案件， 可以采取开庭审理或者书面审理的方式 。但下列减刑、假释案件，应当 开庭审理 ： ① 因罪犯有重大立功表现报请减刑 的； ② 报请减刑的起始时间、间隔时间或者减刑幅度不符合一般规定 的； ③ 公示期间收到不同意见 的； ④ 人民检察院提出异议 的； ⑤ 被报请减刑、假释罪犯系职务犯罪罪犯，组织（领导、参加、包庇、纵容）黑社会性质组织犯罪罪犯，破坏金融管理秩序和金融诈骗犯罪罪犯及其他在社会上有重大影响或社会关注度高的 ； ⑥人民法院认为其他应当开庭审理的。 （4）人民法院根据需要，可以通知证明罪犯确有悔改表现或者立功、重大立功表现的证人，公示期间提出不同意见的人，以及鉴定人、翻译人员等其他人员参加庭审。 （5）法院书面审理减刑案件，可以提讯被报请减刑罪犯；书面审理假释案件，应当提讯被报请假释罪犯 。 （6）减刑、假释裁定作出前，执行机关书面提请撤回减刑、假释建议，是否准许，由法院决定 。 （7）法院应当在收到社区矫正机构的撤销缓刑、假释建议书后 三十日以内作出裁定 。撤销缓刑、假释的裁定 一经作出，立即生效 。

五、社区矫正

适用对象	《社区矫正法》第 2 条第 1 款 对被判处管制、宣告缓刑、假释和暂予监外执行的罪犯，依法实行社区矫正。
执行地	《社区矫正法》第 17 条第 1、2 款 社区矫正决定机关判处管制、宣告缓刑、裁定假释、决定或者批准暂予监外执行时应当确定 社区矫正执行地 。 社区矫正执行地为社区矫正对象的居住地。社区矫正对象在多个地方居住的，可以确定经常居住地为执行地。
监督管理	《社区矫正法》第 27 条第 1 款 社区矫正对象离开所居住的市、县或者迁居，应当报 经社区矫正机构 批准。社区矫正机构对于有正当理由的，应当批准；对于因正常工作和生活需要经常性跨市、县活动的，可以根据情况，简化批准程序和方式。 《社区矫正法》第 29 条 社区矫正对象有下列情形之一的，经 县级司法行政部门负责人 批准，可以 使用电子定位装置 ，加强监督管理： （1）违反人民法院禁止令的； （2）无正当理由，未经批准离开所居住的市、县的； （3）拒不按照规定报告自己的活动情况，被给予警告的； （4）违反监督管理规定，被给予治安管理处罚的； （5）拟提请撤销缓刑、假释或者暂予监外执行收监执行的。 前款规定的使用电子定位装置的期限不得超过三个月。对于不需要继续使用的，应当及时解除；对于期限届满后，经评估仍有必要继续使用的，经过批准，期限可以延长，每次不得超过三个月。 社区矫正机构对通过电子定位装置获得的信息应当严格保密，有关信息只能用于社区矫正工作，不得用于其他用途。

第二十章 特别程序

一、未成年人刑事案件诉讼程序

<table>
<tr><td rowspan="9">特有原则和制度</td><td>教育为主，惩罚为辅</td><td>对犯罪的未成年人实行教育、感化、挽救的方针，坚持 教育为主、惩罚为辅 的原则。（《刑事诉讼法》第277条）</td></tr>
<tr><td>保护原则</td><td>人民法院应当加强同政府有关部门、人民团体、社会组织等的配合，对遭受性侵害或者暴力伤害的未成年被害人及其家庭实施必要的心理干预、经济救助、法律援助、转学安置等保护措施。</td></tr>
<tr><td>分案处理</td><td>为了防止交叉感染，对被拘留、逮捕和执行刑罚的未成年人与成年人应 分别关押、分别管理、分别教育 。</td></tr>
<tr><td>审理不公开</td><td>审判的时候 被告人 不满18周岁 的案件，不公开审理。但是，经未成年被告人及其法定代理人同意 ，未成年被告人 所在学校和未成年人保护组织可以 派代表到场。</td></tr>
<tr><td>社会调查制度</td><td>（1）公、检、法办理未成年人刑事案件，根据情况可以 对未成年犯罪嫌疑人、被告人的成长经历、犯罪原因、监护教育等情况进行调查，并制作社会调查报告，作为办案和教育的参考 。
（2）开展社会调查，可以委托有关组织和机构进行 。
（3）人民检察院应当对公安机关移送的社会调查报告进行审查，必要时可以进行补充调查 。</td></tr>
<tr><td>心理疏导</td><td>（1）人民法院根据情况，可以对未成年被告人、被害人、证人进行心理疏导；根据实际需要并经未成年被告人及其法定代理人同意，可以对未成年被告人进行心理测评。
（2）心理疏导、心理测评可以委托专门机构、专业人员进行。
（3）心理测评报告可以作为办理案件和教育未成年人的参考。</td></tr>
<tr><td>未成年人案件适用认罪认罚从宽制度</td><td>（1）未成年嫌疑人认罪认罚的，在签署具结书时应当有其法定代理人、辩护人在场 ，未成年嫌疑人及其法定代理人、辩护人都对认罪认罚没有异议且愿意签署具结书的，应当签署具结书。
（2）如果未成年嫌疑人的法定代理人、辩护人对认罪认罚有异议，但未成年人本人同意认罪认罚的，不需要签署具结书。
【注意】此时 同样可以对其适用认罪认罚从宽制度从宽处理 。
（3）未成年人刑事案件适用认罪认罚从宽制度的也 不适用速裁程序 。</td></tr>
<tr><td>犯罪记录封存</td><td>犯罪的时候 不满18周岁，被判处 5年有期徒刑以下 刑罚的，应当 对相关犯罪记录予以封存。</td></tr>
</table>

程序特点	特殊讯问规则	(1) 在 讯问和审判 的时候， 应当 通知未成年犯罪嫌疑人、被告人的 法定代理人 到场 。 无法通知、法定代理人不能到场或者法定代理人是共犯 的，也可以通知 合适成年人 到场，并将有关情况记录在案。 【注意】到场的法定代理人或者其他人员，除依法行使《刑事诉讼法》第281条第二款规定的权利外，经法庭同意，可以参与对未成年被告人的法庭教育等工作。(2021年修改) (2) 讯问女性未成年犯罪嫌疑人，应当有女工作人员在场 。 【注意】询问未成年被害人、证人，适用前条规定。审理未成年人遭受性侵害或者暴力伤害案件，在询问未成年被害人、证人时，应当采取同步录音录像等措施，尽量一次完成 ；未成年被害人、证人是女性的，应当由女性工作人员进行 。 (3) 未成年被告人最后陈述后，其法定代理人可以进行 补充陈述。
	未成年被害人、证人一般不出庭	开庭审理涉及未成年人的刑事案件，未成年被害人、证人一般不出庭作证；必须出庭的，应当采取保护其隐私的技术手段和心理干预等保护措施。
	严格适用强制措施	(1) 对未成年被告人应当严格限制适用逮捕措施。 (2) 人民法院决定逮捕，应当讯问未成年被告人，听取辩护律师的意见 。 (3) 对被逮捕且没有完成义务教育的未成年被告人，人民法院应当与教育行政部门互相配合，保证其接受义务教育。(《刑诉解释》第553条) 人民法院对无固定住所、无法提供保证人的未成年被告人适用取保候审的，应当指定合适成年人作为保证人，必要时可以安排取保候审的被告人接受社会观护。(《刑诉解释》第554条)
	强制法律援助	(1) 未成年犯罪嫌疑人、被告人没有委托辩护人的，公检法 应当通知 法律援助机构指派律师为其提供辩护。 (2) 审判时不满十八周岁的未成年被告人没有委托辩护人的，人民法院应当通知法律援助机构指派熟悉未成年人身心特点的律师为其提供辩护。(《刑诉解释》第564条)
	少年法庭	被告人实施被指控的犯罪时不满18周岁、人民法院立案时不满20周岁的案件，由未成年人案件审判组织审理。(《刑诉解释》第550条第1款) 下列案件 可以 由未成年人案件审判组织审理： (1) 人民法院立案时不满22周岁的在校学生犯罪案件； (2) 强奸、猥亵、虐待、遗弃未成年人等侵害未成年人人身权利的犯罪案件； (3) 由未成年人案件审判组织审理更为适宜的其他案件。 共同犯罪案件有未成年被告人的或者其他涉及未成年人的刑事案件，是否由未成年人案件审判组织审理，由院长根据实际情况决定。(《刑诉解释》第550条第2款)

续表

附条件不起诉	适用情形	未成年人涉嫌刑法 分则第四、五、六章 规定的犯罪，可能 判1年以下 刑罚， 符合 起诉条件，但有悔罪表现的 ，检察院 可以 作出附条件不起诉的决定。 【注意】作出附条件不起诉的决定以前，应当听取公安机关、被害人、未成年犯罪嫌疑人的法定代理人、辩护人的意见，并制作笔录附卷。被害人是未成年人的，还应当听取被害人的法定代理人、诉讼代理人的意见。
	对附条件不起诉的制约	(1) 对附条件不起诉的决定，公安机关可以提出复议和复核。 (2) 被害人对检察院对未成年犯罪嫌疑人作出的附条件不起诉的决定和考验期满的不起诉的决定， 可以向上一级检察院申诉 ， 不可以向法院起诉 。 (3) 未成年犯罪嫌疑人及其法定代理人对拟作出附条件不起诉决定 提出异议的，人民检察院应当提起公诉。但是，未成年犯罪嫌疑人及其法定代理人 提出无罪辩解 ，人民检察院经审查 认为无罪辩解理由成立的，应当按照本规则第三百六十五条（法定不起诉）的规定 作出不起诉决定 。人民检察院作出起诉决定前，未成年犯罪嫌疑人及其法定代理人 撤回异议的，人民检察院可以依法作出附条件不起诉决定 。 (4) 未成年犯罪嫌疑人及其法定代理人 对案件作附条件不起诉处理没有异议，仅对所附条件及考验期有异议的，人民检察院可以依法采纳其合理的意见 ，对考察的内容、方式、时间等 进行调整 ；其意见不利于对未成年犯罪嫌疑人帮教，人民检察院 不采纳的，应当进行释法说理 。 【总结】附条件不起诉的异议处理： ①提出异议，应当起诉；②无罪辩解，理由成立，法定不诉；③对决定没意见，对考查条件和考验期有意见，可调整；④撤回异议，还可以附条件不起诉。 (5) 在押的，作出附条件不起诉决定后，检察院 应当作出释放或变更强制 措施。
	附条件不起诉的考验	(1) 考验主体： 人民检察院 (2) 考验期限：附条件不起诉的考验期为 6个月以上1年以下 ，从检察院作出附条件不起诉的 决定之日 起计算。考验期 不计入 案件审查起诉期限。 (3) 被附条件不起诉的未成年犯罪嫌疑人，应当遵守下列规定： ①遵守法律法规， 服从监督 ； ②按照考察机关的规定 报告自己的活动情况 ； ③ 离开所居住的市、县 或者 迁居 ，应当 报经考察机关批准 ； ④按照考察机关的要求接受矫治和教育。（《刑事诉讼法》第283条） (4) 人民检察院 可以 要求被附条件不起诉的未成年犯罪嫌疑人接受下列矫治和教育： ① 完成戒瘾治疗、心理辅导或者其他适当的处遇措施 ； ② 向社区或者公益团体提供公益劳动 ； ③ 不得进入特定场所，与特定的人员会见或者通信，从事特定的活动 ； ④ 向被害人赔偿损失、赔礼道歉等 ； ⑤ 接受相关教育 ； ⑥遵守其他保护被害人安全以及预防再犯的禁止性规定

续表

考验后的处理	起诉	被附条件不起诉的未成年犯罪嫌疑人，在考验期内有下列情形之一的，人民检察院应当撤销附条件不起诉的决定，提起公诉： ①实施 新的犯罪 的； ②发现决定附条件不起诉以前 还有其他犯罪 需要追诉的； ③违反治安管理规定， 造成严重后果，或者多次违反 治安管理规定的； ④违反考察机关有关附条件不起诉的监督管理规定 造成严重后果，或者 多次违反 考察机关有关附条件不起诉的监督管理规定的。（《高检规则》第479条）
	不起诉	在考验期内没有上述情形，考验期满的，检察院 应当 作出不起诉的决定。 【注意】考验期满作出不起诉的决定以前，应当听取被害人意见。

二、当事人和解的公诉案件诉讼程序

适用案件范围和适用条件	下列公诉案件，双方当事人可以和解： （1）因 民间纠纷 引起，涉嫌 刑法分则第4章、第5章规定 的犯罪案件，可能判处 3年 有期徒刑以下 刑罚的； （2）除 渎职犯罪以外 的 可能判处7年有期徒刑以下刑罚的过失犯罪 案件。 犯罪嫌疑人、被告人在5年以内曾经故意犯罪的，不适用本章规定的程序。 （3）有下列情形之一的，不属于因民间纠纷引起的犯罪案件：①雇凶伤害他人 的；② 涉及黑社会性质组织犯罪 的；③涉及寻衅滋事 的；④ 涉及聚众斗殴 的；⑤ 多次故意伤害他人身体 的；⑥其他不宜和解的。（《公安部规定》第333、334条）
	当事人和解的公诉案件应当同时符合下列条件： （1）犯罪嫌疑人 真诚悔罪 ，向被害人赔偿损失、赔礼道歉等； （2）被害人 明确表示对犯罪嫌疑人予以 谅解 ； （3）双方当事人 自愿和解 ，符合有关法律规定； （4）属于 侵害特定被害人的故意犯罪或者有直接被害人的过失犯罪 ； （5）案件 事实清楚，证据确实、充分 。 【注意】犯罪嫌疑人在犯第281条第1款规定的犯罪前5年内曾故意犯罪， 无论该故意犯罪是否已经追究 ，均应当认定为前款规定的5年以内曾故意犯罪。

续表

和解主体	被害人一方	①被害人死亡的，其 近亲属 可以与 被告人 和解；近亲属有多人的，达成和解协议，应当经 处于最先继承顺序的所有近亲属 同意。 ②被害人 系无行为能力或者限制行为能力人 的，其 法定代理人、近亲属 可以代为和解。
	被告人一方	被告人的 近亲属经被告人同意 ，可以 代为 和解。 被告人系 限制行为能力人 的，其 法定代理人 可以 代为 和解。 【注意】被告人的法定代理人、近亲属依照前两款规定代为和解的，和解协议约定的 赔礼道歉等事项，应当由被告人本人履行。
和解对象		双方当事人可以就 赔偿损失、赔礼道歉等民事责任事项 进行和解，并且可以就被害人及其法定代理人或者近亲属 是否要求或者同意 公安机关、人民检察院、人民法院对犯罪嫌疑人 依法从宽处理进行协商 ，但不得 对案件的事实认定、证据采信、法律适用和定罪量刑 等依法属于公安机关、人民检察院、人民法院职权范围的事宜进行协商。（《高检规则》第495条）
和解协议的履行		(1)《公安机关办理刑事案件程序规定》第326条第2款规定：公安阶段 和解协议应当及时履行。 (2) 检察院主持签订的：《高检规则》第499条：应当在双方签署协议后立即履行，至迟在人民检察院作出从宽处理决定前履行。确实难以一次性履行的，在被害人同意并提供有效担保的情况下，也可以分期履行。 (3) 法院主持签订的：＊《刑诉解释》第593条：和解协议约定的赔偿损失内容，被告人应当在协议签署后即时履行。 和解协议已经全部履行，当事人反悔的，人民法院不予支持，但有证据证明和解违反自愿、合法原则的除外。 ——①＊《刑诉解释》第595条：被害人或者其法定代理人、近亲属提起附带民事诉讼后，双方愿意和解，但被告人不能即时履行全部赔偿义务的，人民法院应当制作附带民事调解书。 ——②＊《刑诉解释》第594条：双方当事人在侦查、审查起诉期间已经达成和解协议并全部履行，被害人或者其法定代理人、近亲属又提起附带民事诉讼的，人民法院不予受理，但有证据证明和解违反自愿、合法原则的除外。 【注意】附带民事诉讼中的调解协议是可以约定分期履行的。
不同阶段达成和解协议的处理		(1) 和解适用于 侦查、起诉与审判 三个阶段。 (2) 达成和解协议的案件，公安司法机关的处理方式不同 ①侦查阶段，公安机关 可以 向人民检察院提出 从宽处罚的建议 。 ②审查阶段，人民检察院可以向人民法院提出从宽处罚的量刑建议；对于 犯罪情节轻微，不需要判处刑罚的，可以 作出不起诉的决定。 ③对达成和解协议的案件，人民法院 应当 对被告人 从轻处罚 ；符合 非监禁刑 适用条件的，应当适用非监禁刑；判处法定最低刑仍然过重的，可以 减轻处罚 ；综合全案认为犯罪情节轻微不需要判处刑罚的，可以免除刑事处罚。共同犯罪案件，部分被告人与被害人达成和解协议的，可以依法 对该部分被告人从宽处罚 ，但应当注意全案的量刑平衡。（《刑诉解释》第596条）

三、刑事缺席审判程序

适用范围		(1) 对于 贪污贿赂 犯罪案件，以及 需要及时进行审判，经最高人民检察院核准的严重危害国家安全犯罪、恐怖活动犯罪 案件，犯罪嫌疑人、被告人 在境外 ，监察机关、公安机关移送起诉，人民检察院认为犯罪事实已经查清，证据确实、充分，依法应当追究刑事责任的，可以向人民法院提起公诉。人民法院进行审查后，对于起诉书中有明确的指控犯罪事实，符合缺席审判程序适用条件的，应当决定开庭审判。(《刑事诉讼法》第 291 条第 1 款)
		(2) 因 被告人患有严重疾病无法出庭，中止审理超过六个月，被告人仍无法出庭 ，被告人及其法定代理人、近亲属 申请或者同意 恢复审理的，人民法院可以在被告人不出庭的情况下缺席审理，依法作出判决。 【注意】符合前款规定的情形，被告人无法表达意愿的，其法定代理人、近亲属可以代为申请或者同意恢复审理。
		(3) 被告人死亡的 ，人民法院应当裁定终止审理，但有证据证明被告人无罪 ，人民法院经缺席审理确认无罪的 ，应当依法作出判决。 【注意】前款所称"有证据证明被告人无罪，经缺席审理确认无罪"，包括案件事实清楚，证据确实、充分，依据法律认定被告人无罪的情形，以及证据不足，不能认定被告人有罪的情形。
		人民法院按照 审判监督程序重新审判 的案件，被告人死亡的 ，人民法院 可以 缺席审理，依法作出判决。 【注意】前款判决是有证据证明被告人无罪，经缺席审理确认被告人无罪的，应当判决宣告被告人无罪；虽然构成犯罪，但原判量刑畸重的，应当依法作出判决。
对于第（1）类缺席审判案件的审理	管辖法院	由 犯罪地、被告人离境前居住地 或者 最高人民法院指定 的 中级人民法院 组成 合议庭 进行审理。 【注意】人民检察院提起公诉的，应当向人民法院提交被告人已出境的证据。
	庭前准备（送达文书）	《刑诉解释》第 600 条 对人民检察院依照刑事诉讼法第 291 条第 1 款的规定提起公诉的案件，人民法院立案后，应当将 传票和起诉书副本 送达被告人，传票应当载明被告人到案期限以及不按要求到案的法律后果等事项；应当将 起诉书副本送达被告人近亲属 ，告知其有权代为委托辩护人，并通知其敦促被告人归案。
	强制法律援助辩护	人民法院缺席审判案件，被告人有权委托辩护人，被告人的近亲属可以代为委托辩护人。被告人及其近亲属没有委托辩护人的，人民法院应当通知法律援助机构指派律师为其提供辩护。(《刑事诉讼法》第 293 条、《刑诉解释》第 601 条第 2 款) 【注意】被告人有权委托或者由近亲属代为委托 1 至 2 名辩护人。委托律师担任辩护人的，应当委托具有中华人民共和国律师资格并依法取得执业证书的律师；在境外委托的，应当依照《刑诉解释》第 486 条的规定对授权委托进行公证、认证。

续表

	法庭审理	参照适用公诉案件第一审普通程序的有关规定。被告人的近亲属参加诉讼的，可以发表意见，出示证据，申请法庭通知证人、鉴定人等出庭，进行辩论。
	一审裁判	（1）人民法院审理后应当参照《刑诉解释》第295条的规定作出判决、裁定。 （2）作出有罪判决的，应当达到证据确实、充分的证明标准。 （3）经审理认定的罪名不属于《刑事诉讼法》第291条第1款规定的罪名的，应当终止审理。 （4）适用缺席审判程序审理案件，可以对违法所得及其他涉案财产一并作出处理。
	重新审理	（1）在审理过程中，被告人 自动投案或者被抓获 的，人民法院 应当重新审理 。 （2）罪犯在 判决、裁定发生法律效力后到案 的，人民法院 应当将罪犯交付执行刑罚 。 交付执行刑罚前 ，人民法院 应当告知罪犯有权对判决、裁定提出异议 。罪犯对判决、裁定提出异议的，人民法院 应当重新审理 。
	上诉权	人民法院应当将判决书送达 被告人及其近亲属、辩护人。被告人或者其近亲属 不服判决的，有权向上一级人民法院上诉。辩护人经被告人或者其近亲属同意 ，可以提出上诉。

四、犯罪嫌疑人、被告人逃匿、死亡案件违法所得的没收程序

案件范围	依照刑法规定应当追缴违法所得及其他涉案财产 ，且符合下列情形之一的， 检察院 可以向法院提出没收违法所得的申请： （1）犯罪嫌疑人、被告人实施了 贪污贿赂犯罪、恐怖活动犯罪等重大犯罪 后逃匿，在 通缉一年后不能到案的 。 （2） 犯罪嫌疑人、被告人死亡 。（刑诉法第298条第1款） 【注意】"贪污贿赂犯罪、恐怖活动犯罪等"犯罪案件，是指下列案件： ①贪污贿赂、失职渎职等职务犯罪案件； ②刑法分则第二章规定的相关恐怖活动犯罪案件，以及恐怖活动组织、恐怖活动人员实施的杀人、爆炸、绑架等犯罪案件； ③危害国家安全、走私、洗钱、金融诈骗、黑社会性质组织、毒品犯罪案件； ④电信诈骗、网络诈骗犯罪案件。（《刑诉解释》609条） 【注意】在省、自治区、直辖市或者全国范围内具有较大影响的犯罪案件，或者犯罪嫌疑人、被告人 逃匿境外 的犯罪案件，应当认定为刑事诉讼法第298条第1款规定的"重大犯罪案件"。 【注意】 在审理案件过程中，被告人死亡或者脱逃，符合刑事诉讼法第298条第1款规定的，人民检察院可以向人民法院提出没收违法所得的申请 。

申请程序	犯罪嫌疑人、被告人死亡，依照刑法规定应当追缴其违法所得及其他涉案财产，人民检察院提出没收违法所得申请的，人民法院应当依法受理。 【注意】公安机关认为有前款规定情形的，应当写出没收违法所得意见书，移送人民检察院。人民检察院可以向人民法院提出没收违法所得的申请。
法院的受理程序	（1）管辖法院：由 犯罪地或者犯罪嫌疑人、被告人居住地的中级人民法院 组成 合议庭 审理。 （2） 法院的公告 ：法院应当发出公告。 公告期间为 6 个月 ，公告期间不适用中止、中断、延长的规定。 （3） 利害关系人申请参加诉讼 ：犯罪嫌疑人、被告人的近亲属和其他利害关系人有权 申请参加诉讼 ，也 可以委托诉讼代理人 参加诉讼。利害关系人申请参加诉讼的，应当在公告期间提出。利害关系人在公告期满后申请参加诉讼， 能够合理说明理由 的，人民法院应当准许。 （4） 犯罪嫌疑人、被告人委托诉讼代理人参加诉讼 ：犯罪嫌疑人、被告人逃匿境外，委托诉讼代理人申请参加诉讼，且违法所得或者其他涉案财产所在国、地区主管机关明确提出意见予以支持的，人民法院可以准许。 【注意】"其他利害关系人"是指 对申请没收的财产主张权利的自然人和单位 。
审理方式	（1）开庭审理和不开庭审理。 利害关系人参加诉讼的 ，法院 应当 开庭审理。 没有利害关系人申请参加诉讼的 ，或者 利害关系人及其诉讼代理人无正当理由拒不到庭 的， 可以 不开庭审理。（《刑诉解释》第 619 条第 2 款） （2）利害关系人接到通知后无正当理由拒不到庭，或者未经法庭许可中途退庭的 可以转为不开庭审理 ，但还有其他利害关系人参加的除外。
法院的 裁定	（1）申请没收的财产属于违法所得及其他涉案财产的，除依法返还被害人的以外，应当裁定没收； （2）对不属于应当追缴的财产的，应当裁定驳回申请，解除查封、扣押、冻结措施。（《刑事诉讼法》第 300 条）
审理期限	审理申请没收违法所得案件的期限，参照 公诉案件第一审普通程序和第二审程序的审理期限执行 。
上诉与抗诉	对于法院作出的裁定， 犯罪嫌疑人、被告人的近亲属和其他利害关系人 或者 检察院 可以在 5 日内 提出上诉、抗诉。

续表

犯罪嫌疑人、被告人到案的处理	没收违法所得审理过程中到案的	在审理过程中，在逃的犯罪嫌疑人、被告人自 动投案或者被抓获 的，人民法院 应当终止审理 。人民检察院向原受理申请的人民法院提起公诉的，可以由 同一审判组织 审理。
	没收违法所得裁定生效到案的	（1）没收违法所得 裁定生效 后，犯罪嫌疑人、被告人到案 并对没收裁定提 出异议 ， 人民检察院向原作出裁定的人民法院提起公诉 的，可以由 同一审判组织 审理。法院经审理，应当按照下列情形分别处理：① 原裁定正确的，予以维持，不再对涉案财产作出判决 ；②原裁定确有错误的，应当撤销原裁定，并在判决中对有关涉案财产一并作出处理。【注意】法院生效的没收裁定确有错误的，除前种情形外，应当依照审判监督程序予以纠正。

五、依法不负刑事责任的精神病人的强制医疗程序

适用条件	① 实施暴力行为，危害公共安全或者严重危害公民人身安全，社会危害性已经达到犯罪程度 ，②但经法定程序鉴定 依法不负刑事责任的精神病人 ，③ 有继续危害社会可能 的， 可以 予以强制医疗。
程序的启动方式	（1）公安机关发现精神病人符合强制医疗条件的，应当写出强制医疗意见书，移送人民检察院。 （2）对于 公安机关移送 的或者在审查起诉过程中发现的精神病人符合强制医疗条件的，人民检察院 应当 向人民法院提出强制医疗的 申请 。 （3）人民法院在 审理案件过程 中发现被告人符合强制医疗条件的，可以 作出强制医疗的决定。 【注意】对实施暴力行为的精神病人，在人民法院决定强制医疗前，公安机关可以采取 临时的保护性约束措施 。

审理程序	管辖法院	被申请人实施暴力行为所在地 的 基层 法院；由 被申请人居住地 的法院审判 更为适宜 的，可以 由被申请人居住地的基层法院管辖。
	审判组织	应当组成合议庭审理
	审理方式	开庭审理。但是，被申请人、被告人的 法定代理人请求 不开庭审理，并经法院审查同意的除外。审理强制医疗案件，应当会见被申请人，听取被害人及其法定代理人的意见。
	通知法定代理人	人民法院审理强制医疗案件，应当通知被申请人或者被告人的法定代理人到场。被申请人或者被告人的法定代理人经通知未到场的，可以通知被申请人或者被告人的其他近亲属到场。
	强制法律援助	被申请人或者被告人 没有委托诉讼代理人 的，法院 应当通知 法律援助机构指派律师为其提供法律帮助。
	审理期限	法院经审理，对于被申请人或者被告人符合强制医疗条件的，应当在 1个月 以内作出 决定。
	法院在审理强疗程序中的处理结果	(1) 符合强制医疗条件的，应当作出对被申请人强制医疗的 决定； (2) 被申请人属于依法不负刑事责任的精神病人，但不符合强制医疗条件的，应当作出 驳回 强制医疗 申请 的决定； (3) 被申请人具有完全或者部分刑事责任能力，依法 应当追究刑事责任 的，应当作出驳回强制医疗申请的决定，并退回 人民检察院依法处理。
	法院在审理普通刑事案件的处理结果	(1) 被告人符合强制医疗，应当判决宣告被告人不负刑事责任（不是判决无罪哦），同时作出对被告人强制医疗的决定； (2) 被告人属于依法不负刑事责任的精神病人，但不符合强制医疗条件，应当判决宣告被告人无罪或者不负刑事责任；被告人已经造成危害结果的，应当同时责令其 家属或者监护人 严加看管和医疗； (3) 被告人具有完全或者部分刑事责任能力，依法应当追究刑事责任，应当依照普通程序继续审理。 (4)《刑诉解释》第 640 条：人民法院在审理第二审刑事案件过程中，发现被告人可能符合强制医疗条件的，可以 依照强制医疗程序对案件作出处理，也可以 裁定发回原审人民法院重新审判。
对处理结果不服的复议		被决定强制医疗的人、被害人及其法定代理人、近亲属对强制医疗决定不服的，可以 自收到决定书第2日起5日以内 向 上一级 人民法院申请 复议。复议期间不停止执行强制医疗的决定。

续表

强制医疗机构的医疗与解除	强制医疗机构应当定期对被强制医疗的人进行诊断评估。对于已不具有人身危险性，不需要继续强制医疗的，应当及时提出解除意见，报决定强制医疗的法院批准。 被强制医疗的人及其近亲属有权申请解除强制医疗。 被强制医疗的人及其近亲属申请解除强制医疗的，应当向决定强制医疗的人民法院提出。 被强制医疗的人及其近亲属提出的解除强制医疗申请被人民法院驳回，6个月后再次提出申请的，人民法院应当受理。

客观题　主观题

内部嘟学班

▶ 录播课 ＋ 📺 直播课

全年保姆式课程安排

01 针对在职在校学生设置　**02** 拒绝懒惰没计划效率低

03 全程规划督学答疑指导　**04** 学习任务按周精确到天

你仅需好好学习其他的都交给我们

- ✅ 每日督学管理　　✅ 个人学习计划　　✅ 阶段测评模拟
- ✅ 专辅1V1答题　　✅ 个人学习档案　　✅ 考点背诵任务
- ✅ 主观题1V1批改

扫码立即
咨询客服

扫码下载
小嘟AI课APP

客观题　主观题

面授密训班

内部密训课程 ✅　　内部核心资料 ✅　　揭示命题套路 ✅

直击采分陷阱 ✅　　传授答题思路 ✅　　强化得分能力 ✅

全封闭管理

专题式密训

专辅跟班指导

阶段模拟测评

点对点背诵检查

手把手案例批改

1V1督学提醒

扫码立即
咨询客服

扫码下载
小嘟AI课APP